FAHRRADFÜHRER

Wolfgang Gressmann

FAHRRADFÜHRER FÜNEN

LANGELAND · ÄRÖ

Moby Dick Verlag

Die Deutsche Bibliothek - CIP-Einheitsaufnahme

Gressmann, Wolfgang:
Fahrradführer Fünen, Langeland, Aerø
- Kiel : Moby Dick, 1995
(Fahrradführer)
ISBN 3-89595-010-6

ISBN 3-89595-010-06

Titelbild: W. Gressmann / FOTEX, Hamburg
Umschlaggestaltung; Buchholz/Hinsch/Hensinger, Hamburg
Abbildungen: vom Autor
Karten: Elsner und Schichor, Karlsruhe
Druck und Bindung: Druckerei Runge GmbH, Cloppenburg
Printed in Germany 1995

Inhalt

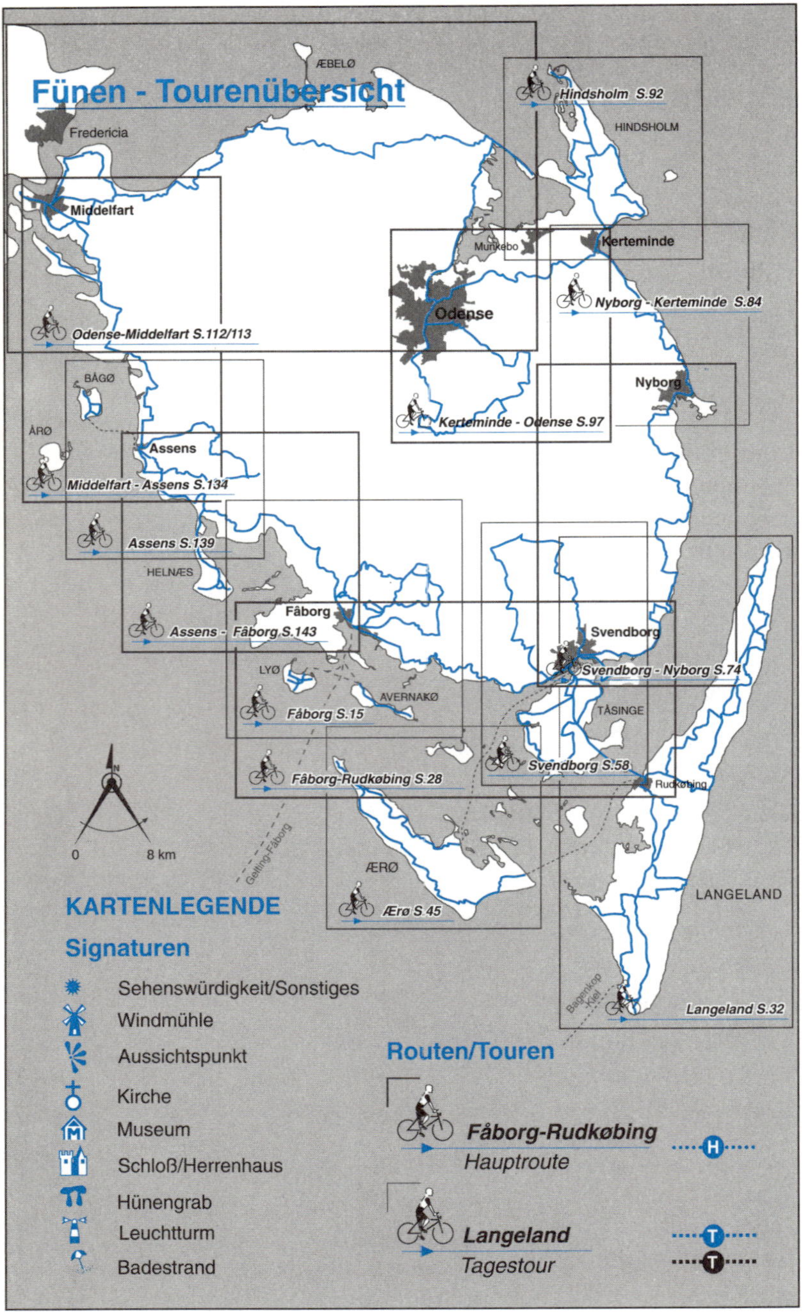
Fünen - Tourenübersicht
ÆBELØ
Fredericia
Hindsholm S.92
HINDSHOLM
Middelfart
Munkebo
Kerteminde
Odense
Nyborg - Kerteminde S.84
Odense-Middelfart S.112/113
BÅGØ
Nyborg
ÅRØ
Kerteminde - Odense S.97
Assens
Middelfart - Assens S.134
Assens S.139
HELNÆS
Fåborg
Assens - Fåborg S.143
Svendborg
Svendborg - Nyborg S.74
LYØ
AVERNAKØ
TÅSINGE
Fåborg S.15
Svendborg S.58
Fåborg-Rudkøbing S.28
Rudkøbing
N
0
8 km
Gelting-Fåborg
ÆRØ
Ærø S.45
LANGELAND
Bagenkop -Kiel
Langeland S.32
KARTENLEGENDE
Signaturen
Sehenswürdigkeit/Sonstiges
Windmühle
Aussichtspunkt
Kirche
Museum
Schloß/Herrenhaus
Hünengrab
Leuchtturm
Badestrand
Routen/Touren
Fåborg-Rudkøbing
Hauptroute
H
Langeland
Tagestour
T
T

»Reisen bedeutet Leben«

(Hans Christian Andersen)

Schließen Sie Ihre Augen. Denken Sie einen Augenblick an eine Landschaft mit weiten, grünen Hügeln, in die sich gemütliche Dörfer schmiegen. Saftige Kleewiesen, wogende Kornfelder, kleine Wäldchen. Sie sehen Windmühlen und prächtige Schlösser. Denken Sie sich noch ein hervorragend ausgearbeitetes Netz von Fahrradrouten, komfortable Campingplätze, Jugendherbergen und Ferienhäuser dazu. Und Sie sehen Fünen - die Märcheninsel im Herzen Dänemarks.

Die 2976 Quadratkilometer große Insel Fünen erstreckt sich zwischen dem festländischen Jütland und der Schwesterinsel Seeland und gilt als die dänische Ferieninsel schlechthin. Hier liegt der schönste Teil des nationalen Fahrradroutennetzes, das 1993 bei einer Feier in Fünens Hauptstadt Odense eröffnet wurde. Hinzu kommen 936 Kilometer ausgeschilderte »Regionalrouten« auf Radwegen und schmalen, meist unbefahrenen Nebenstraßen. Ganz gleich, wo Sie sich aufhalten - nie sind es mehr als 30 Kilometer bis zur 1130 Kilometer langen Küste mit malerischen Hafenstädten und schönen Badestränden. Auch die anderen Inseln der »dänischen Südsee« sind hervorragend für Fahrradtouren geeignet. Langeland ist durch zwei Brücken über die Insel Tåsinge mit Fünen verbunden und kann direkt mit der Fähre aus Kiel erreicht werden. Von Rudkøbing, der Hauptstadt Langelands, und den fünischen Städten Svendborg und Fåborg besteht mehrmals täglich eine Fährverbindung zur Schwesterinsel Ærø, die Sie ebenfalls mit dem Fahrrad besuchen sollten.

Sieben zentrale Städte auf der Insel Fünen sind die Ausgangspunkte für kleinere Tagestouren und Ausflüge. »Hauptrouten« verknüpfen diese sieben Städte. Eine Kombination aus Hauptroute und Tagesausflug ist auf Fünen sinnvoll, weil die einzelnen Orte soviel Sehenswertes bieten, daß man sich ruhig Zeit nehmen sollte, sie kennenzulernen. Man kann eine oder mehrere der beschriebenen Tagestouren auswählen oder nur die Hauptrouten fahren. Macht man die meisten der beschriebenen Ausflüge, ist man gemütliche drei Wochen unterwegs. Wählt man gezielt einige aus, kommt man auf zwei Wochen mit »maßgeschneiderten« Erlebnissen. Wer die Hauptrouten lieber sportlich abfahren will, kommt locker nach einer Woche zurück nach Hause.

Die Beschreibungen der Tagestouren sind als Empfehlung gedacht, von der Sie jederzeit abweichen können. Sie können sich auch bestimmte Tagestouren auswählen und diese mit einer Hauptroute verknüpfen. So können Sie beispielsweise das berühmte Wasserschloß Egeskov bei einem Ausflug von Svendborg oder Odense aus besuchen oder gleich nach Nyborg weiterfahren. Sie können Ihre Route mit Hilfe dieses Buches nach Lust und Laune vor Ort planen.

Eine Beschreibung aller Sehenswürdigkeiten auf Fünen würde den Rahmen dieses Reiseführers sprengen. Sie sollten daher die Fremdenverkehrsbüros besuchen. Dort erhalten Sie alle speziellen Informationen, Karten und Broschüren, die Sie benötigen. Auf eine Auswahl von Übernachtungsmöglichkeiten und Restaurants wurde in diesem Führer weitgehend verzichtet. Lediglich die Adressen und Telefonnummern der Jugendherbergen und Campingplätze werden erwähnt. Wer lieber in Gasthöfen und Hotels übernachten möchte, informiert sich ebenfalls am besten bei den örtlichen Touristenbüros. Dort erhalten Sie einen Prospekt mit einer Liste aller Unterkunftsmöglichkeiten. Die Telefonnummer finden Sie jeweils am Ende der Ortsbeschreibungen.

Die Hauptrouten sind als Rundkurs quer durch und rund um die Insel ausgelegt. Die Reise beginnt in Fåborg, weil ich finde, daß die Fähre von Gelting nach Fåborg die angenehmste Verbindung aus Deutschland ist. Wer über Jütland anreist, kann in Middelfart einsteigen. Wenn Sie mit der Fähre aus Kiel nach Langeland übersetzen, beginnen Sie Ihre Lektüre bei der Beschreibung des Ortes Bagenkop.

Sie brauchen dieses Buch nicht wie andere Radreiseführer in Ihren Kartenhalter zu klemmen, um den beschriebenen Routen folgen zu können. Die Routen richten sich meist nach den hervorragenden Fahrradwegen, die mit quadratischen, blauweißen Schildern markiert sind. Am besten lesen Sie sich vorher die Streckenbeschreibungen durch, damit Sie wissen, was Sie auf der Tour erwartet, und folgen dann den ausgeschilderten Fahrradrouten und Ihrer Karte. Und vielleicht haben Sie Lust, hin und wieder eine Pause zu machen und sich vor Ort aus diesem Buch über Ihre Umgebung zu informieren.

Ich lade Sie ein zu einer Fahrradreise auf der »Märcheninsel« Dänemarks. Sie werden begeistert sein von der herrlichen Landschaft, den prächtigen Herrenhäusern und Schlössern, den alten Windmühlen, den schönen Stränden und romantischen Häfen, der geschützten Natur und nicht zuletzt den freundlichen Menschen, die Ihnen diesen Urlaub zu einem unvergeßlichen Erlebnis werden lassen. *Wolfgang Gressmann*

Fåborg - das Tor zur Märcheninsel

Weithin sichtbar erhebt sich der gelbe Glockenturm über den *Svanninge*-Hügeln und den Ziegeldächern der Stadt. Weiße Möwen begleiten in Schwärmen die heimkehrenden Fischkutter. Auf den beiden Gaffelschonern im Hafen reffen Matrosen die Segel, und die Fischer breiten ihre Netze zum Trocknen auf der Mole aus. Den gleichen Anblick hatten die Seeleute im vergangenen Jahrhundert, als ihre Segelschiffe von großer Fahrt zurückkehrten und in den heimatlichen Hafen von Fåborg einliefen. Dann macht die rotweiße Fähre aus Gelting in der alten Seefahrerstadt fest, und ich schiebe mein schwerbepacktes Tourenrad zwischen den anderen Passagieren, Autos und Campingmobilen an Land.

Fåborg gehört zu den besterhaltenen mittelalterlichen Kleinstädten Dänemarks. Das malerische Stadtbild ist geprägt von den farbenprächtigen Fassaden der Bürgerhäuser und Kaufmannshöfe. Viele Jahre war Fåborg eine der größten Seefahrerstädte des Landes. Vor allem der Getreidehandel mit England und den Herzogtümern im Süden begründete im vergangenen Jahrhundert den Reichtum der Stadt. Zu Beginn des 19. Jahrhunderts lag hier die zweitgrößte Handelsflotte Fünens. Und noch heute ist der Hafen von wirtschaftlicher Bedeutung. Neben unzähligen Sportbooten liegen hier mehrere Fischerboote vor Anker, und täglich gehen Fähren nach Gelting und zu den Inseln des südfünischen Archipels: Ærø, Bjørnø, Lyø und Avernakø.

Gegenüber dem Hafen liegt das *Tre Kronen*, das mit über 170 Jahren älteste Wirtshaus in Fåborg. Hier können Sie am Abend erst einmal in aller Ruhe die Karten und Ihren Reiseführer studieren. Es sei denn, die Segler und Fischerleute treffen sich dort beim Bier und dem deftigen »Fünischen Omelett« mit knusprigem Speck - und das tun sie eigentlich jeden Abend. Dann werden Sie bald von der ausgelassenen Stimmung und den fröhlichen Liedern der Seeleute mitgerissen.

Glockenturm ohne Kirche - Kirche ohne Glockenturm

Am Morgen weckt Sie das Glockenspiel des alten Kirchturms (*Klokketårnet*), dessen Klänge durch die gepflasterten Gassen wehen. Es ist

Am Hafen in Fåborg

das letzte große Glockenspiel Fünens. Der in der zweiten Hälfte des 15. Jahrhunderts erbaute Turm gehörte ursprünglich zur Kirche *Sankt Nikolaj*, die jedoch nach der Reformation im 16. Jahrhundert abgerissen wurde. Die spätere Pfarrkirche *Helligårdskirke* besaß keinen Turm, also wurde kurzerhand der *Klokketårnet* zu ihrem Glockenturm erklärt.

Den Schlüssel erhalten Sie ganz unbürokratisch beim Uhrmacher um die Ecke. Im Sommer ist der Glockenturm ohnehin täglich geöffnet. Den Aufstieg belohnt ein prächtiger Blick auf die *Svanninge*-Hügel und die kleinen vorgelagerten Inseln. Weiße Segelboote schaukeln in der glänzenden Ostsee, kleine Sommerwolken wehen über das blaue Firmament - Farben wie auf der Palette von einem der fünischen Maler, deren Bilder im Kunstmuseum ausgestellt sind.

- Klokketårnet: Lille Tårngade, Öffnungszeiten: wochentags von 10 bis 12 und 14 bis 16 Uhr, samstags von 10 bis 12 Uhr.

Kunstmuseum vom Konservenkönig

Die Gründung des Museums ist dem Stifter und Fabrikanten Mads Rasmussen zu verdanken. »Mads Tomato« nannte man den Fåborger Konservenfabrikanten und Besitzer der großen Fabrik in der Østergade 45, direkt neben dem heutigen Museum, wegen seiner berühmten Tomatensaftdosen. Seine Fruchtkonserven und Dosensäfte waren sehr begehrt. Selbst Scott und Amundsen nahmen sie mit auf ihre Antarktisexpedition. Vor einigen Jahren fand man an den Lagerstätten ihrer Expeditionsroute neben vielen Ausrüstungsgegenständen auch einige der Rasmusschen Konserven, die sogar noch genießbar waren!

Handel mit Tomaten, Leberpasteten und Fruchtsäften war aber nur eine Seite des erfolgreichen Geschäftsmanns. Er unterstützte die Künstlerkolonie, die sich zu Beginn des Jahrhunderts in Fåborg etablierte - eine Parallelentwicklung zur deutschen Künstlerkolonie in Worpswede. 1910 beschloß der Konservenkönig, jährlich einen hohen Betrag für den Ankauf fünischer Kunst einzusetzen. Die Künstler konnten selbst bestimmen, was in die Sammlung aufgenommen werden sollte, die im Konservenhof ausgestellt wurde. Schnell bekam die Sammlung einen bedeutenden Umfang.

Im großen Gemäldesaal sind die Bilder der bekannten Fünenmaler Fritz Syberg, Peter Hansen und Johannes Larsen ausgestellt. Alle drei studierten um 1885 an der »Freien Kunstschule« von Kristian Zahrtmann, der mit der klassischen Ausbildung der Kunstakademien gebrochen hatte und seinen Schülern den französischen Impressionismus näherbrachte. Nach ihrem Studienaufenthalt kehrten die drei nach Fåborg zurück. Die fünische Landschaft diente ihnen als unerschöpfliche Inspirationsquelle. Fritz Syberg heiratete Peter Hansens Schwester Anna, eine hervorragende Aquarellmalerin. Die Fünenmaler hatten das seltene Glück, daß schon zu ihren Lebzeiten ein Museum für ihre Werke geschaffen wurde, zu einem Zeitpunkt, als sie sich auf dem Höhepunkt ihrer künstlerischen Laufbahnen befanden und noch einen großen Teil ihrer Hauptwerke besaßen.

1912 ließ Rasmussen neben der Konservenfabrik das heutige Kunstmuseum errichten. Es gilt als eines der Meisterwerke des dänischen Historizismus. Dem Architekten Carl Petersen gelang es, dem schmalen, langen Gebäude eine monumentale Fassade mit zwei romanischen Säulen zu geben. Die Wände der Innenräume sind grünspanfarben, zinnoberrot und kobaltblau und - wie das ganze Gebäude - Teile eines Gesamtkunstwerks, in dessen Mitte die riesige Statue von Mads Rasmussen, geschaffen vom Bildhauer Kai Nielsen, steht. Das Museum eröffnete im Jahre 1915, aber schon im folgenden Jahr starb Rasmussen. 1928 wandelte seine Witwe es zu einer Stiftung um.

- Fåborg Museum: *Grønnegade 75*, Öffnungszeiten vom 1.4. bis 31.10. täglich von 10 bis 16, im Sommer bis 17 Uhr. Samstags und sonntags von 11 bis 15 Uhr. Tel. 6261 0645

Ein Spaziergang durch die alte Hafenstadt gibt Ihnen einen ersten Eindruck von der »Märcheninsel«. Auf dem Marktplatz steht der eigentümliche *Ymer*-Brunnen. Er wurde 1913 von Kai Nielsen geschaffen - dem Urheber der beeindruckenden Statue des Konservenkönigs im Kunstmuseum. Er stellt den Riesen *Ymer* dar, den die Urkuh *Audhumble* säugt. Eine alte Sage besagt, daß seine drei Söhne den Riesen erschlugen. Aus seinen Resten sei die Welt erschaffen worden.

Die Bevölkerung war zunächst schockiert über die extrem naturalistische Darstellung der Nacktheit des Riesen. Wenn die Mädchen am Brunnen vorbeigingen, befahl man ihnen, die Augen zu schließen. Mads »Tomato« Rasmussen - selbstverständlich der Mäzen des Kunstwerks - wurde regelrecht depressiv. »Ich dachte, ich hätte Fåborg etwas Gutes getan«, sagte er und verließ für eine Weile die Stadt. Später gewöhnten sich die Menschen an den Anblick. Und weil bestimmte Teile des Originalbrunnens recht bald ziemlich abgegriffen aussahen, entschloß man sich, die Statue in Bronze zu gießen. Das Original in Sandstein ist heute im Fåborg-Museum zu sehen.

In der Vestergarde steht das mächtige Stadttor *Vesterport*, der letzte sichtbare Rest der mittelalterlichen Stadtbefestigung. Das rote Backsteintor mit seinen gotischen Stufengiebeln war seit dem Mittelalter der wichtigste Zugangsweg zur Stadt. Hier mußten die Händler anhalten und für Waren, die in die Stadt gebracht werden sollten, Zoll entrichten. Selbstverständlich blühte vor den Toren der Stadt ein stattlicher Schwarzmarkt. Wer erwischt wurde, kam prompt ins Stadtgefängnis am *Torvet*, das heute als Museum eingerichtet ist. Noch bis 1989 diente das Gebäude, wenn auch nicht mehr im mittelalterlichen Originalzustand, als Gefängnis. Der Fåborger Museumsdirektor Anders Rehde Nielsen führt mich durch die Ausstellung. »Wenn es überhaupt etwas Positives im Gefängnis gibt«, sagt Nielsen, »dann ist es die Phantasie, die die Gefangenen entwickeln.« Zahlreiche kuriose Beispiele dafür sind ausgestellt: von Fluchtmitteln wie Strickleitern aus Bettlaken bis hin zu Tätowiermaschinen aus elektrischen Rasierapparaten.

- *Fåborg Arrest:* Torvet (»Markt«), vom 15. Mai bis 15. September täglich von 10.30 bis 16.30 Uhr geöffnet. Tel. 6261 3338

Lizenz zum Mümmeln

Dänemark ist bekannt für seine bizarren Klubs und Vereinigungen. Oft dreht es sich dabei um deftiges Essen. So tagt in Svendborg der »Verein jüngerer Stockfischesser«. Und letzten Juni feierte die Fåborger »Gesellschaft zur Förderung der Buchweizengrütze im Kreis Fünen« (SEBOFIFS) ihr 25jähriges Jubiläum. 1969 gründete der Fåborger Kaufmann Christian Andresen den eigentümlichen Buchweizenklub. »Er war ein echtes Original und der größte Spaßmacher Fåborgs«, erinnert sich Finn Klein. Der Dichter, begeisterter Hütesammler, Hobbymaler, Fotograf und Besitzer des Haushaltswarengeschäfts neben dem Stadttor, ist einer der fünf heutigen Präsidenten des Vereins. »Andresens Grundidee war es, Tradition und Gesundheit mit Humor zu fördern.« Jahrhundertelang war die Buchweizengrütze Grundnahrungsmittel der Bauern und einfachen Leute, bis sie als typisches »Arme-Leute-Essen« verpönt wurde. »Zu Unrecht«, finden Finn Klein und sein Verein. »Die Samen des vermutlich aus China stammenden Heidekorns sind das gesündeste Nahrungsmittel, das es gibt.«

Traditionelles Buchweizengrützen-Rezept

125 Gramm Buchweizen
2 Gramm Salz
1 Liter Milch

Die Zutaten werden eine halbe Stunde unter häufigem Rühren gekocht. Der Brei wird sehr dick, und so soll es auch sein! Gegessen wird der Brei mit Honig oder einer Sauce aus roten Früchten.

Es gibt mehrere Klassen unter den Buchweizenessern. Ein Klubmitglied erster Klasse ißt jeden Mittwoch seine Grützenschüssel leer. Zweitklassigen Buchweizenfans genügt jeden zweiten Mittwoch ein Teller des gesunden Breis. Das Essen der Grütze findet dabei nach einem bestimmten Ritual statt. »Der Buchweizen muß gemümmelt werden«, erklärt Finn Klein, »und zwar genau dreimal mit den Vorderzähnen. Und dabei muß man ernst bleiben«, schmunzelt der Präsident, »sonst geht es nicht.« Zur Jubiläumsveranstaltung fand natürlich auch ein Wettkampf der besten Mümmeltechnik statt. Höhepunkt der Festveranstaltung im vergangenen Jahr war das Tauziehen der »Buchweizenesser« gegen die »Stockfischesser«. Den Stockfischessern wird nachgesagt, daß sie gerne dem Alkohol zusprechen. Leider gewannen diese zum wiederholten Male. »Natürlich bin ich traurig über die Niederlage«, gesteht der Mümmler-Präsident Finn Klein. »Sie beweist jedoch nur die Gastfreundlichkeit der Grützenesser. Und nächstes Jahr werden wir es den Stockfischessern endlich zeigen.«

Nicht weit von der Vestergade entfernt liegt *Den Gamle Gård* - »der alte Hof«. Der ehemaliger Kaufmannshof wurde 1725 im Zentrum der Stadt gebaut und beherbergt seit Anfang der 30er Jahre ein Museum. Neben einer Ausstellung über die Stadtgeschichte aus dem 18. und 19. Jahrhundert können Sie im Vorderhaus einen Saal mit einzigartigen Wandgemälden besichtigen. In einem anderen Raum sind persönliche Gegenstände von Rigborg Vogt, der Fåborger Jugendliebe des dänischen Märchendichters Hans Christian Andersen ausgestellt. Ihr hatte der Dichter sein bekanntestes Gedicht, »Zwei braune Augen«, gewidmet. »Vor 16 Jahren kaufte das Museum ihrem Urenkel einen alten Sekretär ab«, berichtet der Museumsdirektor Anders R. Nielsen, »dort fand man in einem Geheimfach noch ein Liebesgedicht und ein Foto von Hans Christian Andersen.«

Im Seitenhaus sind die Überseeverbindungen Fåborgs dokumentiert. Fåborg war 1716 der erste Ostindienhafen Dänemarks außerhalb Kopenhagens. Von diesen Handelsverbindungen zeugen wertvolle Fayencen, Gläser und Porzellan. In einem Nebengebäude finden Sie eine Ausstellung zur Seefahrt und zur Textilherstellung. Das Hinterhaus ist Textilien und den berühmten traditionellen Stickereien der Insel Lyø gewidmet.

Das Zimmer gehörte früher einem Händler von der Insel. »Wenn das Wetter zu schlecht für die Überfahrt war, übernachtete hier seine Familie«, erzählt Nielsen. Noch immer sei im Winter in der Jugendherberge ein Zimmer für die Bewohner Lyøs reserviert. »Trotz moderner Fähren sind die Probleme dieselben wie früher«, sagt der Museumsdirektor. »Vor allem gibt es immer noch nur ein einziges Wirtshaus auf Lyø. Und wer abends Spaß haben und etwas trinken möchte, muß zwangsläufig in Fåborg bleiben.«

Nicht zuletzt finden in dem alten Hof jedes Jahr zahlreiche Sonderausstellungen statt. Und im traditionell angelegten Garten und dem Pavillon-Café mit Blick aufs Meer können Sie sich schon einmal mental auf Ihre erste Fahrradtour vorbereiten.

- *Den Gamle Gård*: Holkegade 1, Öffnungszeiten: 15.5. bis 15.9. täglich von 10.30 bis 16.30 Uhr. Tel. 6261 3338

i Turistbureau: Havnegade 2, Tel. 6261 0707
Vandrerhjem: Grønnegade 71-72, Tel. 6261 1203
Camping: Bøjden Landevej 12, Tel. 6260 1284

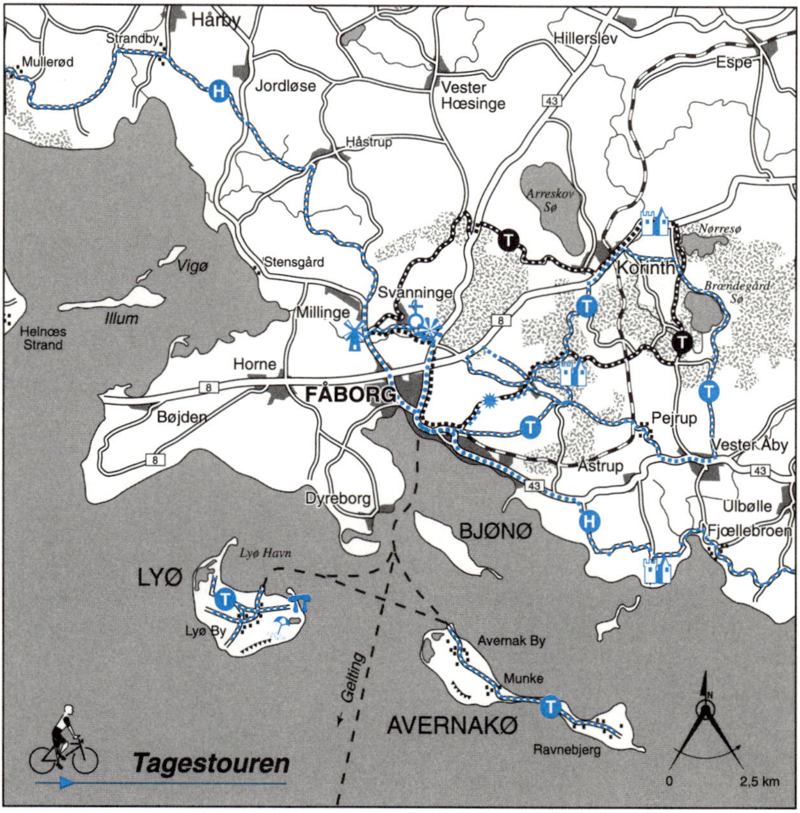

Tagestour nordöstlich von Fåborg

Fåborg - Kaleko Mølle - Holstenhus - Korinth - Brændegard Sø - Vester Aby - Fåborg (38 Kilometer)

Endlich im Sattel! Das Gepäck liegt sicher in Ihrer Unterkunft, und Sie starten zum ersten Tagesausflug in die Umgebung von Fåborg. Von der Kreuzung Svendborgvej/Diernæsvej folgen Sie dem Routenzeichen 51 und achten auf den Wegweiser nach Diernæs. Es geht gleich bergauf, und Sie erfahren im Wortsinne, daß Fünen nicht flach wie ein Brett ist - eher wie ein Waschbrett. Die erste Sehenswürdigkeit läßt nicht lange auf sich warten: die *Kaleko*-Wassermühle.

Die Gelehrten streiten sich, ob Wassermühlen schon in der Wikingerzeit oder erst im Mittelalter nach Dänemark kamen. Wassermühlen waren eine der ersten effektiven technischen Erfindungen der Geschichte. Zunächst wurde die Kraft des Wassers nur zum Mahlen von Getreide genutzt, vom 17. Jahrhundert an jedoch auch für Manufakturen und als Grundlage industrieller Produktion. Die *Kaleko*-Mühle ist mit fast 600 Jahren die älteste erhaltene Wassermühle Dänemarks. Die reetgedeckten Gebäude sind teilweise in einen Hang hineingebaut und als Museum eingerichtet. Alles ist gut erhalten geblieben oder stilgerecht renoviert. Sie können anschauen, wie eine Müllerfamilie in vergangenen Zeiten gelebt und gearbeitet hat. In heutiger Form wurde die Mühle über 300 Jahre benutzt und erst 1912 stillgelegt.

- *Kaleko Mølle*: Havevej 38, Öffnungszeiten: vom 15.5 bis 15.9. täglich von 10.30 bis 16.30 Uhr, sonst 11 bis 16 Uhr.

Kurz hinter der *Kaleko Mølle* fahren Sie auf der ausgeschilderten Fahrradroute 51 hinauf in die *Svanninge*-Berge nach Korinth. Noch vor der nächsten Ortschaft Diernæs können Sie links in den Bakkevej abbiegen und mit der kleinsten Übersetzung einen Berg erklimmen. Von hier haben Sie einen guten Überblick über die Hügellandschaft, das Inselmeer und die Stadt Fåborg.

Am Ortseingang von Diernæs fahren Sie geradeaus weiter - immer dem blauen Hinweisschild mit der weißen Margarithe nach. Diese Schilder werden Sie noch oft auf Ihren Touren durch Fünen wiedersehen. Es sind Hinweiszeichen für die vom dänischen Fremdenverkehrsverband eingerichtete »Margarithenroute«. Sie ist vergleichbar mit der deutschen »Märchenstraße« und führt durch ganz Fünen an besonderen Sehenswürdigkeiten vorbei. Nach zwei Kilometern erreichen Sie den Herrenhof *Holstenhus*.

Holstenhus

Holstenhus ist gleichzeitig einer der ältesten und jüngsten Herrenhöfe Fünens. Seine Geschichte geht nachweislich bis zum Jahre 1314 zurück, als er noch bei der heute verschwundenen Ortschaft Finstrup lag. 1863 wurde er radikal umgebaut. Die alten Fachwerkflügel wurden abgerissen und zwei kleinere Flügel nach Süden hinzugefügt, um dem Anwesen ein zeitgemäßeres Aussehen zu geben. In der Weihnachtsnacht des Jahres 1908 wurde der Hof durch ein Feuer völlig zerstört. Ein Jahr später baute man

Das Holstenhus bei Fåborg

das Gebäude in den gleichen Dimensionen wieder auf, allerdings mit einigen architektonischen Veränderungen. *Holstenhus* zählt zu den Gutshöfen mit den meisten erhaltenen Steinrainen. Sie haben insgesamt eine Länge von 20 Kilometern und stehen unter Denkmalschutz.

Als Radfahrer können Sie unbesorgt durch den weitläufigen Park fahren, während die Auto- und Motorradfahrer ihr Fahrzeug vor dem großen schmiedeeisernen Tor abstellen müssen und nur zu Fuß weiter können. Der sehr natürlich wirkende Park sollte sich möglichst gut der umgebenden Landschaft anpassen. Nach den gleichen Gesichtspunkten werden in England die großen Parks angelegt, aber hier fließen auch französische Elemente mit ein.

Auf einer Nebenstraße, die nördlich am Herrenhof vorbeiführt, fahren Sie zurück nach Diernæs. Auf halber Strecke können Sie die Kirche von Finstrup besichtigen. Ein kleiner Trampelpfad führt zu der Ruine, die eine interessante Vergangenheit hat. Finstrup war um 1600 eine große und wohlhabende Gemeinde. Aber innerhalb kurzer Zeit wurde der Ort aufgelöst, und nur die Kirchenruine blieb übrig. Die Sage erzählt, daß ein Gutsherr eines Nachts seinen geliebten Hund heimlich unterhalb des Hochaltars begraben ließ. Diese Entweihung soll Anlaß zum Abriß der

Kirche und für den Neubau in Diernæs gewesen sein. Die Gehöfte mußten der Kirche folgen.

Wenn Sie jetzt weiter nach Westen fahren, stoßen Sie im Norden von Diernæs wieder auf die Radroute 51. Ein kleiner Aussichtsturm, der etwas abseits der Straße auf dem *Rikkelsbjerg* liegt, ist leider von hohen Bäumen umgeben, die eine freie Sicht auf den Braunwassersee *Sørte Sø* unmöglich machen. Wenn Sie aber ein geländegängiges Fahrrad haben, sollten Sie dem kleinen Waldsee einen Besuch abstatten. Vom Aussichtsturm fahren Sie einfach gefühlsmäßig nach Nordosten. Wenn Sie sichergehen wollen: von der Route 51 geht etwa zwei Kilometer nördlich von Diernæs links ein kleiner Waldweg ab. Vorsicht: So schön der See auch ist, ab Mitte Mai müssen Sie mit unangenehmen Stechmücken rechnen! Auf den ersten Blick scheint der See ganz schwarz zu sein. Das dunkle Wasser ist aber tatsächlich braun durch den hohen Humusgehalt des Untergrundes. Nur wenn der Himmel wolkenverhangen ist, erscheint er schwarz. Für Botaniker ist dies ein hochinteressanter Ort, da sich hier seltene Pflanzen wie der insektenfressende Sonnentau angesiedelt haben. Mit etwas Glück können Sie hier auch einem Graureiher beim Mittagessen zusehen! Durch den Wald Gerup Skov führt die Route 51 weiter nach Korinth, das wie sein mittelgriechischer Namensvetter am Wasser liegt, und zwar am *Arreskov Sø* - dem größten Binnensee Fünens. Natürlich steht dort auch ein gleichnamiger Herrenhof.

- Von Korinth fährt jeden Sonntag der Oldtimer-Zug nach Fåborg (*Veterantogskørsel*). Die Fahrt dauert etwa 35 Minuten. Abfahrt in Fåborg 13 und 15 Uhr, in Korinth 14 und 16 Uhr. Die Tickets werden im Zug verkauft. Fahrpreise: Erwachsene 25, Kinder 12,50 Kronen.

Am Ortsausgang von Korinth - kurz hinter der Bahnüberführung - geht es rechts ab nach Vester Aby. Sie fahren jetzt entlang der Route 79 auf einem herrlichen Radweg zum Nordostufer des *Brændegård Sø*. Der See ist berühmt für seinen Bestand an Kormoranen, die hier Anfang der 70er Jahre zu nisten begannen. Dieser See zählt zu den größten Kormorankolonien Skandinaviens.

Vor dem Hof *Braendegård* hat man die beste Aussicht auf den See. Obwohl die Nistbäume auf der Kormoraninsel 1979 gefällt wurden, ist der Bestand auf über 4000 Paare angewachsen. Nach dem Fällen begannen die Vögel überraschenderweise auf dem Boden und im Wald am Seeufer zu brüten. Eine Besonderheit ist, daß alle Vögel 10 bis 20 Kilometer ins südfünische Inselmeer hinausfliegen, um zu fischen. Auch zahlreiche Fischreiher, Graugänse, Enten, Lappentaucher und sogar Silbermöven brüten hier. Im Winter sieht man regelmäßig Wanderfalken, Stein- und Seeadler.

Nach diesem Naturparadies verlassen Sie die Route 79, und es geht weiter auf einem ausgeschilderten Weg zum sieben Kilometer entfernten Vester Aby. Schon von weitem sehen Sie die auf einem Hügel gebaute große, weiße Kirche. Die meisten Kirchen Fünens sind nicht durchgehend geöffnet, und oft stehen Sie vor verschlossenen Türen - sogar am Sonntag. Diese Kirche ist jedoch jeden Tag von 10 bis 16 Uhr geöffnet und es lohnt sich einzutreten. Von der Kirche in Vester Aby fahren Sie weiter in Richtung Fåborg. Vor der Ortschaft Åstrup biegt rechts die Margarithenstraße ab, der Sie über Pejrup zum Gut Holstenhus folgen können. Hinter dem Gut biegen Sie rechts und gleich wieder links ab und fahren dreieinhalb Kilometer zurück nach Fåborg, der untergehenden Sonne entgegen - hoffentlich scheint sie auch!

Tagestour nördlich von Fåborg

Fåborg - Brændegård Sø - Norresø - Brahetrolleborg - Arreskov Sø - Grubbe Mølle - Svanninge Bakker - Fåborg (30 Kilometer)

Zur zweiten Tagestour fahren Sie am Fåborger Museum und an der *Helligårdskirke* vorbei, bevor Sie nach rechts in den Sundstienvej einbiegen. Der Radweg führt durch ein eingedeichtes Naturschutzgebiet, dem *Sundet.* Heute lassen Sie die *Kaleko Mølle* rechts liegen und biegen in Diernæs links ab - Richtung Korinth. Drei Kilometer bleiben Sie auf der Straße, die durch dichten Wald führt, dann verlassen Sie die Route 51 und folgen dem Wegweiser nach Gronderup. Nylokke Huse und Gronderup sind zwei fünische Walddörfer, die ihren mittelalterlichen Charakter bewahrt haben. Am Ortsausgang von Gronderup folgen Sie zuerst dem Wegweiser nach Korinth, und an der nächsten Weggabelung fahren Sie dann 100 Meter in Richtung Vester Aby. Dann müssen Sie gut aufpassen, denn ein kleiner Waldweg, der Solund, biegt nach links ab und führt Sie an das Westufer des *Brændegård Sø*, den Sie gestern auf Ihrer ersten Tagestour von der anderen Seite kennengelernt haben.

Der Solund mündet auf den Radweg 79. Sie biegen links ab, fahren 100 Meter und vor einem großen Bauernhof fahren Sie rechts zum *Nør-*

resø. Hier finden Sie nicht nur eine wunderschöne, offene Seenlandschaft, sondern auch reichlich Gelegenheit zum Baden. Und wenn Sie genug vom Radfahren haben: ein vier Kilometer langer Wanderweg führt rund um den See. Mitten im See liegt die winzige, bewaldete Insel *Lucieø*, auf der der Dichter Jens Baggesen einige Monate verbracht hat, um dort in Ruhe zu schreiben. Weiter geht die Radtour am Ufer entlang bis zum Parkplatz an der Nordwestecke des Sees. Hier fahren Sie nach rechts und 500 Meter weiter in Richtung Westen zum Herrensitz *Brahetrolleborg*.

Brahetrolleborg

Diese mächtige Anlage war früher ein Mönchskloster, das vom Zisterzienserorden 1172 gegründet wurde. Mehr als 800 Jahre war es das Zentrum der Macht über die Gegend um Fåborg. Nach den Wirren der Reformation ging das Kloster in das Eigentum des Königs über und kam kurz darauf in Privatbesitz. Der Herrenhof hat die Entwicklung dieser Gegend entscheidend beeinflußt. Unter den Eigentümern war eine Persönlichkeit mit großem Weitblick: Johan Ludwig Reventlow war einer der führenden Männer bei der Bauernbefreiung und schaffte die Fronarbeit ab. Unter anderem ließ er 1777 von den Bauern die gefürchteten Zwangsmittel des Mittelalters, Bock und Pranger, verbrennen. Reventlow richtete statt dessen Schulen und Lehrerseminare ein und gründete eine Volkshochschule.

Das Gut *Brahetrolleborg* mit einer Gesamtfläche von etwa 2500 Hektar ist größtenteils bewaldet. Die gelbgetünchten Gebäude liegen scheinbar zufällig über die riesige Anlage verteilt. Das Hauptgebäude wurde in den letzten Jahren vollständig renoviert, vom Zementputz befreit, und die schönen Ziegelmauern wurden freigelegt. Leider sind die Gebäude und Teile der Anlage nicht für die Öffentlichkeit zugänglich. In der alten Volksschule gibt es aber eine heimatkundliche Sammlung, die für Besucher geöffnet ist.

Von *Brahetrolleborg* fahren Sie auf der Route 51 nach Korinth. Am südlichen Ortsausgang biegen Sie auf die Route 79 in Richtung Sollerup ab. Nach fünf Kilometern erreichen Sie den Staatsforst Sollerups, wo Sie an einem Parkplatz eine Informationstafel finden. Sie gibt einen Hinweis auf eine schöne Wanderung zum *Arreskov Sø*, die Sie auch mit einem einigermaßen geländegängigen Fahrrad machen können. Nach zwei Kilometern über ausgeschilderte Pfade sind Sie am Seeufer und können den Ausblick über Fünens größten Binnensee genießen. Leider gibt es hier keine Bademöglichkeit, denn das Ufer ist mit Schilf zugewachsen. Von dem Parkplatz aus führen noch weitere interessante Wanderwege: zu den *Svanninger Bakker* oder an einem Bach (*Rislebæk*) entlang, der sich durch den Wald schlängelt. An seinen Ufern liegen zahlreiche große Findlinge aus der Eiszeit.

Weiter geht die Radtour entlang der Route 79 bis zur vielbefahrenen Landstraße zwischen Odense und Fåborg. Diese fahren Sie aber in Richtung Fåborg nur einen Kilometer, dann biegen Sie rechts ab. Nach einem kräftigen Anstieg kommen Sie an eine Kreuzung, an der in 104 Meter Höhe eine Aussichtsplattform liegt. Sie ahnen bestimmt schon, was Sie hier erwartet: eine herrliche Aussicht auf den *Arreskov*-See und bei schönem Wetter über ganz Mittelfünen! Nach der kurzen Verschnaufpause geht es nun bergab in Richtung Hastrup. An der nächsten größeren Weggabelung trennen sich nun die Fahrradrouten: die 79 führt weiter nach Hastrup, Sie fahren aber die 65 nach Svanninge. Das Dorf liegt inmitten einer Hügellandschaft und wird beherrscht von einer stattlichen, gelbgetünchten Kirche. In unmittelbarer Nähe der Kirche stand bis in die 50er Jahre eine Stampfmühle aus dem Jahr 1824. Sie steht nun im Freilichtmuseum in Århus auf Jütland. Geblieben ist dem kleinen Ort eine der ältesten dänischen Schulen, die 1728 von Karen Brahe gegründet wurde.

200 Meter südlich der Kirche liegt der Hof *Kastaniely*. Von hier aus können Sie in die Svanninger Berge wandern. Die meisten Wanderer steuern den Aussichtsturm bei *Tyveknap* an, den Sie natürlich auch mit dem Fahrrad erreichen können. Aber vorher sollten Sie noch einen Abstecher zur *Grubbe Mølle* machen. Vom südlichen Ortsende Svanninges führt eine kleine Straße nach Westen, die schon bald auf die Straße nach Fåborg und Assens stößt.

Grubbe Mølle

Hier liegt die *Grubbe Mølle*, zu der eine komplett restaurierte Wind- und eine Wassermühle gehört. Die Wassermühle ist permanent in Betrieb und produziert elektrischen Strom. Seit über 60 Jahren verrichten hier eine deutsche Deutz-Turbine und ein Sechs-Kilowatt-Generator ihre Arbeit. Zu der Mühlenanlage gehört auch ein kleiner Gutshof. Der freundliche Pächter, Niels Jervelund, zeigt Ihnen gerne die »Kraftwerkstechnik« und wie vor hundert Jahren mit Wind- und Wassserkraft das Getreide gemahlen wurde. Ein Teil des Bauernhofs ist auf Fremdenverkehr eingestellt, und man bietet Gästebetten für die Übernachtung an. Auf einer Wiese unweit der Mühlenanlage liegt die mittelalterliche Wallanlage *Grubbes-*

holm. Die Burg ist in längst vergangenen Zeiten nach einer Überschwemmung im Boden versunken, und nur noch der etwa 35 Meter breite Burghügel ist von der Straße aus zu sehen.

- *Grubbe Mølle:* Grubbe Møllegyden 2, 5600 Fåborg. Täglich von 11 bis 16 Uhr, im Sommer von 10 bis 18 Uhr geöffnet. Tel.: 6261 9108 (siehe auch das Titelbild dieses Buches)

Zurück geht es nach Svanninge und von dort zum höchsten Punkt der *Svanninge Bakker*: dem Aussichtsturm von *Tyveknap*. Der Weg ist ausgeschildert. Erst müssen Sie eine lange Steigung auf der Straße bewältigen, die von Fåborg nach Odense führt, und dann können Sie verschnaufen.

Svanninge Bakker - die fünischen Alpen

Die Svanninger Berge sind ein malerisches Naturschutzgebiet, das ursprünglich vollkommen mit Heidekraut bewachsen war. Diese Hügel schoben einst die eiszeitlichen Gletscher zusammen. Das Gebiet, dessen höchster Punkt 128 Meter beträgt, wird von den Bewohnern Fünens mit unverhohlenem Stolz die »fünischen Alpen« genannt. Der Boden des imposanten Hügelgebietes ist sehr sandig und daher nicht landwirtschaftlich nutzbar. Das Aussehen änderte sich grundlegend, als man um die Jahrhundertwende die Hügel mit Nadelbäumen bepflanzte. Vielleicht erinnern Sie sich noch an das Gemälde *»Aftenleg i Svanninge Bakker«* (Abendliches Spiel in den Hügeln von Svanninge) von Fritz Syberg aus dem Jahr 1900, das im Fåborger Kunstmuseum ausgestellt ist? Es gibt einen Eindruck, wie sehr sich die Landschaft seitdem verändert hat. Nur um den Aussichtsturm finden Sie noch eine geschlossene Heidevegetation mit Wacholderbüschen und Birken.

Der Turm liegt - etwas versteckt - unmittelbar neben der Straße und ist von einem großen Rastplatz umgeben. Vom 20 Meter hohen Turm, der auf einem 85 Meter hohen Hügel steht, hat man eine großartige Aussicht über die »Fünischen Alpen«. Der Turm selbst hat mehrere Stockwerke, und hier werden wechselnde Ausstellungen über Leben, Landschaft und Natur des alten Fünens gezeigt: Radler um die Jahrhundertwende, Soldaten, Landleben, Hochzeiten und vieles mehr. Leider ist der Turm nicht das ganze Jahr über zugänglich; nur in der Zeit vom 15. Mai bis zum 15. September ist er für den Besucherverkehr geöffnet - dafür kostet er auch keinen Eintritt. Unterhalb des Turms befindet sich ein Gasthaus, in dem man hervorragend essen kann. Versuchen Sie die köstlichen Heringsvariationen mit frischem Karottenbrot! Zurück nach Fåborg geht es nur bergab, und in kurzer Zeit sind Sie wieder am Ausgangspunkt Ihrer Tagestour.

Tagestour Lyø und Avernakø

Die südfünischen Inseln Lyø und Avernakø (20 Kilometer)

Die dritte Tagestour führt Sie ins südfünische Inselarchipel. Die Inseln sind in erster Linie das Ergebnis der Tätigkeit des gewaltigen Kleinen-Belt-Gletschers, der sich von Südosten nach Nordwesten bewegte. Nach der Eiszeit verschwand ein erheblicher Teil der Gegend im Schmelzwasser der Eismassen. Erst zu Beginn unserer Zeitrechnung, als sich die Landschaft allmählich wieder hob, nachdem sie vom Druck des Eises befreit war, erhielt das Inselmeer sein heutiges Aussehen. Heute prägt der zerstörerische und aufbauende Einfluß des Meeres die Veränderungen der Inseln. Die Steilküsten im Südwesten werden langsam abgetragen. Das Material lagert sich an den geschützten Seiten der Inseln in Landzungen, marinem Vorland und Strandwällen wieder ab. Mehrere kleine Inseln, wie zum Beispiel Avernakø und Korshavn, sind auf diese Weise miteinander verbunden worden. Die Radstrecken sind weder beschildert noch besonders lang. Aber selten kann man so sehr in Seelenruhe durch sanft gewellte Hügellandschaften am Wasser radeln. Ein Ausflug, den Sie sich nicht entgehen lassen sollten.

Avernakø - die Naturinsel

Von Fåborg setzen Sie über nach Avernakø. Die Überfahrt von Fåborg dauert eine halbe Stunde. Fünf- bis sechsmal am Tag besteht eine Fährverbindung. Die Insel ist acht Kilometer lang, die breiteste Stelle beträgt nur eineinhalb Kilometer. Die langgestreckte Insel besteht aus zwei Teilen, die in der Mitte durch eine natürliche Landzunge miteinander verbunden sind. Sie wurde 1937 zu einem Damm mit einer Straße ausgebaut. Der Hafen befindet sich einen Kilometer vom Ort Avernak By entfernt.

Die beiden Teilinseln Avernakø und Korshavn haben jeweils ihr eigenes Dorf, Avernak und Munke. Dort gibt es viele schöne alte Fachwerkhäuser. Alle Bauten sind um die, in Ost-West-Richtung verlaufende Straße angelegt. Wie auf allen Inseln im südfünischen Archipel sind die

Höfe vergleichsweise klein, aber sehr schön anzusehen. Jedes Jahr zu Pfingsten ist die Insel Schauplatz einer für Dänemark untypischen Attraktion: in beiden Dörfern werden bei einem großen Fest Maibäume errichtet.

Am westlichen Ende Avernakøs mit seinen großen Strandwiesen und Seen konzentriert sich der Vogelbestand der Insel. Hier nisten mehrere große Möwen- und Seeschwalbenkolonien. Auf Korshavn liegt das Naturschutzgebiet *Revtrillen.* In den vielen Tümpeln sind so seltene Reptilien wie Rotbauchunken, Wechsel- und Kreuzkröten zu Hause. Immer wieder haben Sie einen schönen Ausblick über die Insel und große Teile des südfünischen Inselmeers. Es gibt mehrere schöne Badestrände.

Lyø - Insel der Traditionen

Die westlichste Insel Lyø ist für mich die schönste Insel des südfünischen Archipels. Die Überfahrt von Avernakø dauert 20 Minuten. »Märchenhaft« ist eine Vokabel, die man im Zusammenang mit Fünen immer wieder liest und hört. Auf Lyø scheint sie erfunden worden zu sein. Reetgedeckte Fachwerkhäuser prägen das Bild des Dorfes. Unzählige Enten bevölkern die fünf Dorfteiche, und kaum sieht man Autos auf der Insel. Meistgenutztes Verkehrsmittel sind die Holzplattformen am Heck der alten Traktoren. Auf ihnen lassen sich die Insulaner zum Hafen oder zum Einkaufen im einzigen Geschäft der Insel fahren und die Schulkinder morgens zur Inselschule bringen.

Das weiße Haus am Hafen der hügeligen Insel war ehemals eine Zollstelle für Schiffe. Auf dem Strandvej radeln Sie ins Dorf. Es gibt vier weitere Straßen, die zur Küste führen. Es lohnt sich, diese im Uhrzeigersinn abzuradeln. Zum Insel-*Kro* gehört ein Gästehaus mit 23 Betten. Der *Kro* ist aber wirklich nur deshalb empfehlenswert, weil er der einzige auf der Insel ist! Auch der Campingplatz ist sehr spartanisch: es gibt nur kaltes Wasser und dutzende Schafe, die Tag und Nacht um die Zelte wuseln. Ein echtes Naturerlebnis!

150 Menschen leben auf der 600 Hektar großen Insel Lyø, die meisten von der Landwirtschaft. Die Einwohner haben es geschafft, alte Traditionen über die Jahrhunderte zu bewahren. So sind auf Lyø noch die alten, hölzernen Türschlösser im Einsatz, die sonst in ganz Dänemark verschwunden sind. »Noch wird die Tradition auf Lyø großgeschrieben«, sagt die ehemalige Insellehrerin Jytte Hansen. »Dennoch droht die Insel auszusterben!« Die Hälfte der Einwohner sei über 50 Jahre alt, und die 16 Schüler der kleinen Dorfschule aus Avernakø und Lyø würden zum

Der Klokkensten auf Lyø

Großteil Arbeit auf Fünen, Jütland oder in Kopenhagen suchen. Jytte Hansen und ihr Mann, ein begeisterter Maler, unterrichteten hier von 1979 bis 1986. Später kamen sie wieder zurück nach Lyø. Nirgendwo sonst wollten die beiden weitgereisten Pensionäre leben. Sie führen mich über die Insel, die sie wie ihre Westentasche kennen.

Die Kirche inmitten des Dorfes wurde nach der Reformation gebaut. Der Rundfriedhof um die Kirche ist einzigartig in Dänemark. Alle Gräber sind gen Osten angelegt, der aufgehenden Sonne entgegen. »Die Frauen sitzen traditionell links, die Männer rechts in der Kirche«, erzählt die ehemalige Insel-Lehrerin. Und jeden Donnerstag treffen sich die Frauen wie seit jeher zur kollektiven Grabpflege.

Die Decke auf dem Altar der 1982 restaurierten Kirche zeigt die traditionellen Stickereien mit dem speziellen Muster von Lyø, die in ganz Dänemark bekannt waren. Interessant auch das Bild links neben dem Altar. Es zeigt den 1680 gestorbenen Pfarrer Sören Jensen. »Wegen Landstreitigkeiten kam es zu einem Prozeß«, erzählt Jytte Hansen. »Der Pfarrer schwor auf den Himmel und die heilige Bibel, er stehe auf eigener Erde. Er bekam sein Recht. Was andere nicht wußten: er hatte zuvor Erde seines Grundstücks in seine Stiefel geschüttet - auf der er nun stand! So eine Schandtat bleibt natürlich nicht folgenlos. Man sagt, er gehe seitdem als Gespenst auf Lyø umher, mit dem Kopf unter dem Arm.«

Hinter dem gelben Pfarrhaus steht der schönste Hof der Insel. Der vierflügelige Fachwerkhof aus dem Jahr 1700 war wie die meisten Höfe der Insel ein Pachthof des Guts *Holstenhus.* An der Post und Bankfiliale vorbei - der kleinsten Dänemarks - mit einer interessanten Mitteilungstafel für die Einwohner, fahren Sie zum *Klokkensten.* Das Langkammergrab stammt wie die meisten dieser Art aus der Jungsteinzeit. Es ist das beliebteste Ausflugsziel auf Lyø. Der Stein gibt tatsächlich einen Glockenton von sich, wenn man ihn mit einem Stein anschlägt!

Hünengräber - Gräber von Hünen?

Nicht etwa riesenhafte Hünen bewegten die tonnenschweren Steine, wie der Name der imposanten Grabstätten vermuten läßt, sondern steinzeitliche Bauern. Sie schütteten Rampen aus Erde auf und rollten die großen Findlinge an die gewünschte Position. Die Langdolmen und Hünengräber sind die ältesten Zeugnisse der Geschichte Dänemarks. Im Kreis Fünen gibt es über 800 Denkmäler dieser Art, davon etwa 490 aus vorgeschichtlicher Zeit. Die Dolmen dienten als Einzelgräber, die Hünengräber wahrscheinlich als Gemeinschaftsgräber. Dolmen sind kleinere Grabkammern, die von nur einem Stein überdeckt sind. Später, als die Steinzeitbauern mit dem Bau von Kammergräbern vertraut waren, bauten sie Ganggräber, große steinerne Grabkammern, die von mehreren Steinen überdeckt sind und mit einem langen Gang aus dem Hügel hinausführen. Man legte sie an bevorzugten Stellen in der Landschaft an, denn sie sollten kundtun, daß dieses Territorium besetzt war. Nicht zuletzt waren sie durch ihre Größe und Gestaltung ein Beweis für die Macht und den Reichtum des Bauherren. Besonders viele dieser steinzeitlichen Grabstätten findet man auf der Halbinsel Hindsholm, auf Ærø und Langeland. Ursprünglich hat es allein auf der kleinen Insel Lyø 52 Hünengräber und Dolmen gegeben. Später verarbeiteten die Inselbewohner die grauen Findlinge zu Grundmauern der Wohnhäuser, zuletzt im Jahr 1890. Nur fünf steinzeitliche Grabanlagen sind heute erhalten geblieben.

Ein Weg führt vom Glockenstein hinunter zum Strand. Dort gibt es eine schöne Bademöglichkeit, die aber aufgrund der starken Strömung nur für Erwachsene zu empfehlen ist. Auf den Feldern entlang der Küstenlinie findet im Dezember eine große Hasenjagd statt. Die Tiere werden jedoch nicht etwa erschossen, sondern mit Netzen gefangen, in Deutschland ausgesetzt und dort schließlich von deutschen Jägern erlegt! Immerhin haben sie so eine Chance, ihren Lebensabend auf deutschen Wiesen zu verbringen. Die kurze Südstraße Søndenvej führt zur Steilküste von Lyø. Das Meer drückt hier gegen das Ufer und schleift die Insel langsam ab. Der Sand umspült die Insel und wird an den beiden Landzungen, insbesondere am nordwestlichen *Revet*, wieder abgelagert.

An dem Vestenvej finden Sie zwei weitere Hünengräber. Halten Sie hinter der Mühle rechts Ausschau. Weiter radeln Sie am spartanischen Campingplatz vorbei zur Landzunge *Revet.* »Wir gehen hier sehr oft am Abend spazieren«, erzählt Jytte Hansen. »Nicht nur, was man sehen kann, macht den Reiz dieser Landschaft aus. Es sind auch die Düfte, die Empfindungen.« Der Friede unversehrter Natur liegt über dem *Revet*, das im Sommer von rosaroten Wattnelken bewachsen ist. Das Wasser des Kleinen Belts umspült in weichen Wellen die schmale Sandbank, und viele Wasservögel kreisen am Himmel. Großen Strandseen bilden den inneren Bereich der Halbinsel, die Nordspitze wächst stetig durch den aufgespülten Sand und die Steinablagerungen.

Hauptroute Fåborg - Rudkøbing

Fåborg - Nakkebølle - Ballen - Rantzausminde - Svendborg - Vindeby - Rudkøbing (47 Kilometer)

Die Straße führt am Bahnhof vorbei in Richtung Südosten aus der Stadt heraus. Nach etwa dreieinhalb Kilometern biegen Sie rechts ab zu einem Campingplatz, der direkt am Wasser liegt. Hier gibt es eine schöne Bademöglichkeit. Weiter geht es entlang der blauweißen Fahrradwegweiser mit vielen Links- und Rechtskurven zum *Nakkebølle Fjord.* Ein Damm führt über das eingedeichte Gebiet, das einen Meter unter dem Meeresspiegel liegt und sich in ein Moor verwandelt hat. In dem Sanatorium von *Nakkebølle* wurden früher Tuberkulosepatienten behandelt. Heute dient es als Asylantenheim der dänischen Flüchtlingshilfe, einer Unterorganisation des dänischen Roten Kreuzes.

Ab Strandhuse führt die Route ein wenig von der Küste weg, mündet aber nach wenigen Kilometern wieder am Wasser. Am *Lehnskov Huse* hält Sie im Sommer bestimmt nichts mehr im Sattel, denn man kann hier nicht nur hervorragend baden, sondern hat auch eine schöne Aussicht auf die südfünischen Inseln Tåsinge, Skarø, Hjortø und Drejø.

Die südfünische Hafenstadt Svendborg heben Sie sich besser für die nächsten Tage auf. Es lohnt sich, der Stadt einen ganzen Tag zu widmen.

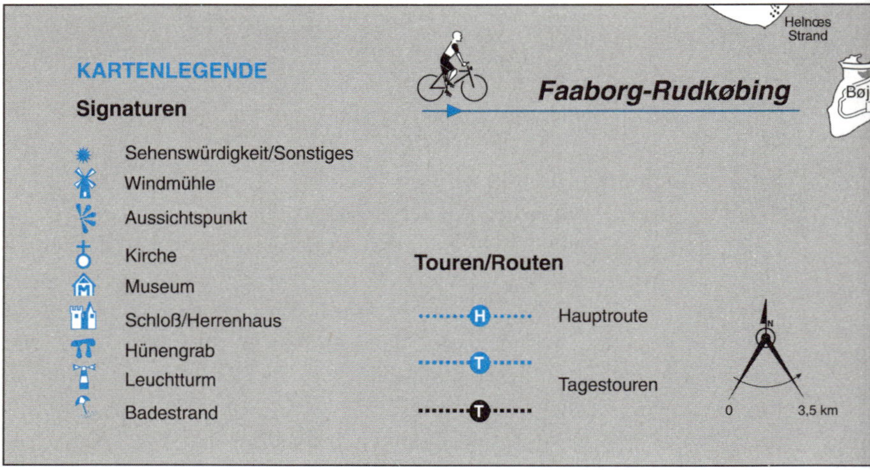

Heute wollen Sie ja noch nach Langeland, deshalb in der Stadt nach zwei Kilometern rechts auf der Brücke über den *Svendborg Sund*. Die 40 Meter hohe Brücke wurde 1966 eingeweiht. Von ihr hat man eine hervorragende Aussicht über Svendborg, den Sund und die Insel Tåsinge.

Åstrup Mølle

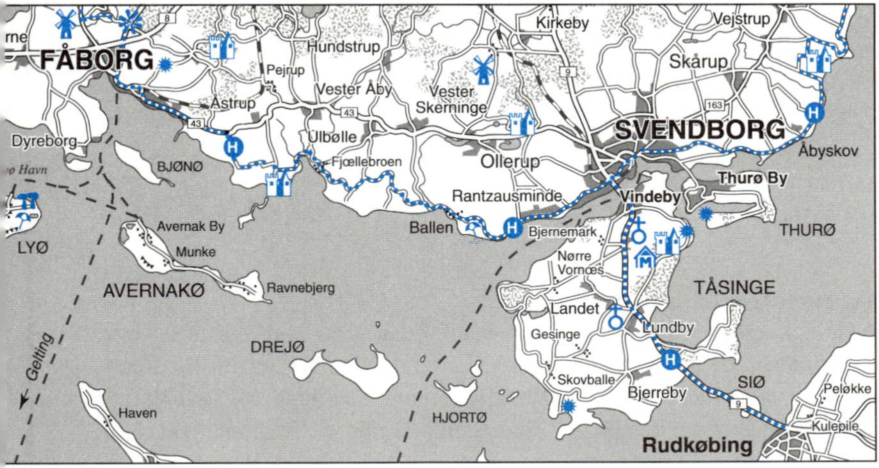

Auch *Tåsinge* ist einen ausgedehnten Tagesausflug wert. Deshalb sollten Sie in Richtung Langeland lieber den zweispurigen Radweg entlang der Hauptstraße nach Rudkøbing nehmen. Ornithologen sollten entlang der *Lunkebugten* ihre Ferngläser benutzen und Ausschau nach zahlreichen Wasservögeln halten, die im seichten Wasser der Bucht leben. Dann überqueren Sie die mehr als fünf Kilometer lange Dammbrücke nach Langeland und erreichen abends Rudkøbing - Ihr heutiges Etappenziel.

Die Flüchtlinge von Nakkebølle

Etwa 450 Flüchtlinge aus dem Iran, Bosnien, Albanien und Afghanistan leben hier in den alten Gebäuden. »Eigentlich sollte das Sanatorium zu einem Luxushotel umgebaut werden«, berichtet einer der Mitarbeiter. »Doch die Genehmigung für die umfangreichen Umbauten wurde bislang verweigert. Bis eine Entscheidung getroffen wird, können wir hier die Flüchtlinge unterbringen.« Die Gebäude sind schon jetzt dringend renovierungsbedürftig. Überall rieselt der Kalk von den Wänden, morsche Dielen knarren in den langen Fluren des Hauptgebäudes. Die Sanitäranlagen sind zwar sauber, aber hoffnungslos veraltet. Dennoch: Welch ein Kontrast zu den Schauplätzen des Schreckens, aus denen diese Menschen kommen! Als ich das Flüchtlingsheim besuche, findet gerade ein moslemisches Fest im Garten der Anlage statt. Die Männer stehen in einer großen Rauchwolke und grillen Hammelkoteletts; Kinder der verschiedenen Nationen spielen und raufen sich lachend auf der Wiese. Hoffentlich kommt die dänische Verwaltung nicht so bald zum Schluß, daß man das Sanatorium besser zum lukrativen Touristenziel ausbauen sollte.

Langeland und Ærø

Das anmutige Langeland

»Leider können wir unseren Gästen auf Langeland kein Sommerwetter garantieren«, heißt es mit beeindruckender Ehrlichkeit in einem Reiseprospekt, »das kann sich nämlich schnell ändern.« Eine solche Garantie kann natürlich kein Landkreis ausstellen - weder in Dänemark noch irgendwo anders auf der Welt. Langeland ist trotzdem ideal zum Radfahren. Die »anmutige Insel« bietet eine abwechslungsreiche Landschaft mit langgestreckten Hügeln und Höhenzügen. Die Küstenlinie ist teilweise noch richtig urtümlich und läßt sich gut mit dem Fahrrad entlangradeln. Im Norden gibt es viele alte Sommerhäuser, der Süden hat teilweise wilde Steilküsten. Das Amt Fünen hat zuerst für diese Insel die bekannte Radwegekennzeichnung und Radwanderkarten erarbeitet und das Konzept dann auf Fünen übertragen.

Von Rudkøbing aus kann man mit der Fähre nach Marstal zur Insel Æro übersetzen oder zur »einsamen Insel« *Strynø*, wo angeblich mehr Rinder als Menschen leben. Die kleine Insel ist im Sommer ideal für ruhigen Urlaub ohne Trubel. »Man kann eigentlich nichts anderes tun, als zusehen, wie zweimal am Tag Kühe gemolken werden und wie die Kinder baden und planschen«, heißt es in einem Reiseführer. Für Fahrradtouristen ist sie jedoch höchstens für einen ausgedehnten Tagesausflug interessant.

Rudkøbing

Rudkøbing ist die größte Stadt Langelands. Sie entstand zu Beginn des 13. Jahrhunderts und war früher mit Erdwällen und breiten Gräben gesichert. Weder im Mittelalter noch später gelang es Rudkøbing zu besonderer Bedeutung gelangte. Nach einem gewaltigen Stadtbrand im Jahre 1610 hatte man noch 16 Jahre später keine Mittel für den Wiederaufbau. Rudkøbing sei »eine arme und geringe Stadt, die wenig oder gar keinen Handel habe«, heißt es in der Stadtchronik aus dem Jahre 1699. Erst im 19. Jahrhundert erfolgte ein Aufschwung - nicht zuletzt durch einen stark verbesserten Hafen.

Die Kirche von Rudkøbing liegt nahe beim Markt im alten Stadtteil und repräsentiert eine bunte Mischung verschiedener Baustile. Während das Langhaus - der älteste Teil - aus der Mitte des 13. Jahrhunderts stammt, sind die Anbauten aus der Spätgotik. 1621 errichtete man einen Renaissance-Turm mit vier geschwungenen Giebeln. Damit kam die Stadt zu ihrem ersten Wahrzeichen.

In der Smedegade durften die niedrigen Bürgerhäuser aus dem 18. Jahrhundert stehenbleiben. Haus Nr. 12 beherbergt Langelands Museum. Es wurde von dem Archäologen und Kaufmann Jens Winther (1863-1955) gegründet. Hier können Sie sich mit der ältesten Inselgeschichte vertraut machen. Die vielen Funde aus der Jungsteinzeit verraten, daß Langeland dicht bevölkert war. Mehr als 230 Denkmäler in Form von Grabhügeln und Wohnplätzen haben die Museumsleute auf der Insel gefunden. Leider sind nur 63 der Zerstörung durch Grabräuber und eifrige Steinhauer entgangen. Sehenswert sind im Museum vor allem die Funde aus den zahlreichen Wikingergräbern, darunter Zaumzeug mit Silbereinlagen und alte Waffen.

- Langeland Museum: Jens Winthersvej 12, geöffnet vom 1.9. bis zum 31.5. Montag bis Donnerstag 10 bis 16 Uhr, freitags bis 14 Uhr, sonn- und feiertags von 14 bis 16 Uhr. Tel. 6251 1347

Nicht nur Hamburg, auch Rudkøbing hat einen Gänsemarkt - den *Gåsetorvet*. Die Apotheke am Platz wurde 1856 als Ersatz für den alten Apothekerhof gebaut. Hier wurde im Jahre 1777 einer der größten Physiker Europas geboren: Hans Christian Ørstedt. 1820 konnte er mit einem selbstgebauten Meßinstrument den Erdmagnetismus nachweisen. Noch heute wird die Stärke des Magnetfeldes in der Einheit »Ørstedt« gemessen. Auch sein jüngerer Bruder Anders Sandøe Ørstedt war erfolgreich: er wurde dänischer Regierungschef. 1920 errichtete die Stadt für den Physiker auf dem Gänsemarkt ein bronzenes Standbild. Die Rudkøbinger sind richtig stolz auf den Sohn ihrer Stadt. Deswegen bereitet man in den Gaststätten die »Ørstedt-Scholle« zu, der Bäcker verkauft »Ørstedt-Brot« und so weiter. Die Bezeichnung ist aber nicht immer ein Qualitätsmerkmal, und man sollte nicht unbedingt darauf hereinfallen.

Wo die malerische Ruestræde einen Knick macht, ragt die *Rue Mølle*, die Stadtmühle, aus den Packhäusern hervor. Sie steht auf einem letzten Rest der mächtigen Befestigungen aus dem Jahre 1644. Vollendet wurden sie von feindlichen Schweden, als diese Rudkøbing erobert hatten.

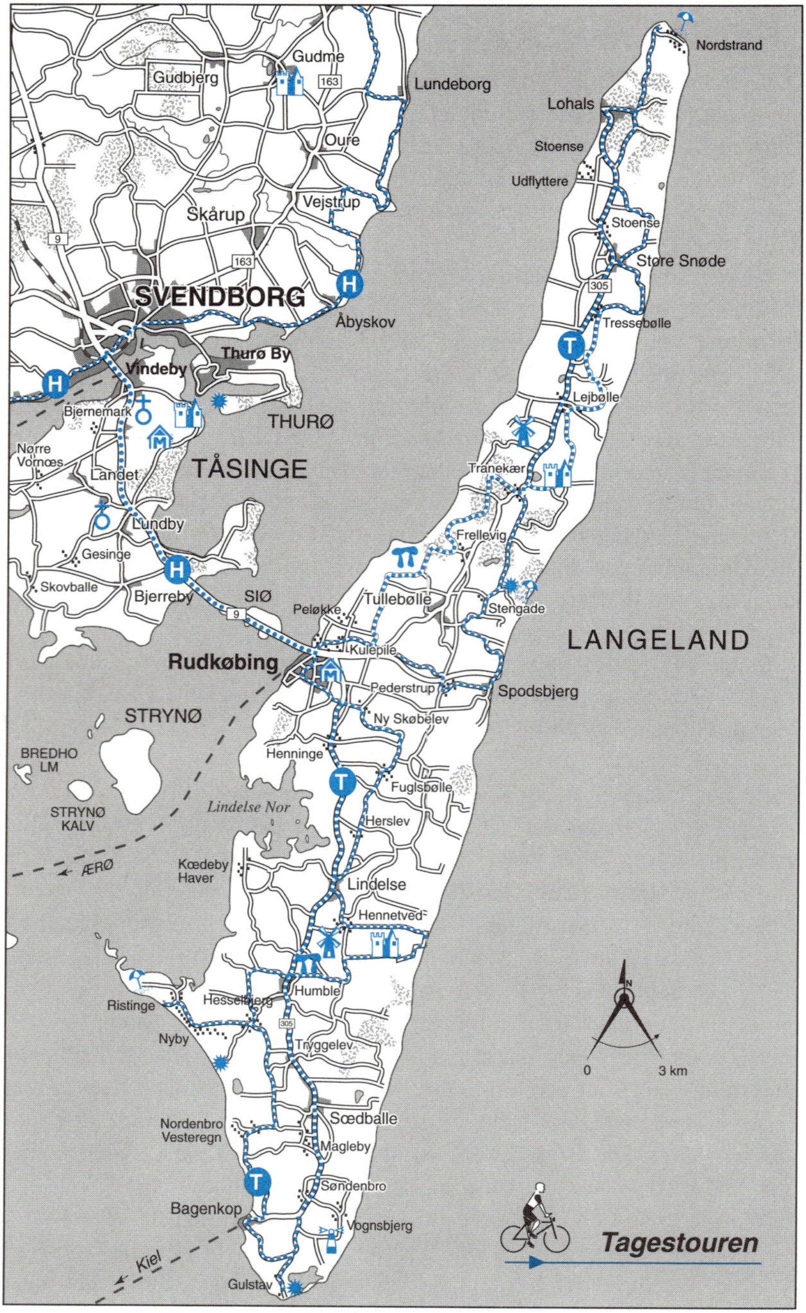
Gudme
Gudbjerg
163
Lundeborg
Oure
Vejstrup
Skårup
9
163
SVENDBORG
H
Åbyskov
Thurø By
Vindeby
H
Bjernemark
THURØ
Nørre
Vornæs
TÅSINGE
Landet
Lundby
Gesinge
H
Skovballe
Bjerreby
SIØ
9
Rudkøbing
STRYNØ
BREDHOLM
STRYNØ
KALV
ÆRØ
Lindelse Nor
Kædeby
Haver
Ristinge
Nyby
Hesselbjerg
305
Nordenbro
Vesteregn
Bagenkop
Kiel
Gulstav
Nordstrand
Lohals
Stoense
Udflyttere
Stoense
Store Snøde
305
Tressebølle
T
Lejbølle
Tranekær
Frellevig
Stengade
Tullebølle
Peløkke
Kulepile
LANGELAND
Pederstrup
Spodsbjerg
Ny Skøbelev
Henninge
T
Fuglsbølle
Herslev
Lindelse
Hennetved
Humble
Tryggelev
Sødballe
Magleby
T
Søndenbro
Vognsbjerg
0
3 km
Tagestouren

i Touristbureau: Torvet 5, 5900 Rudkøbing, Tel. 62514335
Vandrerhjem, Engdraget 11, Tel. 6251 1830
Camping: Spodsbjergvej 335, Tel. 6250 1136

Tagestour Nordlangeland

Rudkøbing - Tranekær - Lohals - Stengade Skov - Spodsbjerg - Rudkøbing (80 Kilometer)

Von Rudkøbing aus fahren Sie links auf der Route 8 in den kleinen Ort Peløkke und dort am Ortseingang rechts über einen schmalen Radweg nach Kulepile, da es leider keine Straße direkt an der Küste gibt. Hinter Kulepile beginnt die Ausschilderung der Route 80, der Sie nach links durch den Ort Kassebølle bis zu dem Buchenwäldchen *Pæregård Skov* folgen. Kassebølle ist einer der insgesamt 16 Orte auf Langeland, die auf *-bølle* enden. Man vermutet, daß die Dörfer mit dieser für Dänemark ungewöhnlichen Endung durch Aussiedlungen in der Wikingerzeit entstanden sind.

Im Wald biegt die Route nach rechts ab. Sie können aber die Snagestrade links 500 Meter bis zum Wasser fahren - dort gibt es an der Bootseinlaßstelle eine schöne Bademöglichkeit. Fahren Sie rechts weiter, weist nach ein paar Metern rechts ein Schild auf ein vorgeschichtliches Denkmal hin: inmitten einer gerodeten Lichtung liegt der Langdolmen *Ringelshøi* aus der frühen Steinzeit (3500-3100 v. Chr.). Die Grabanlage war für einen Stammesführer und seine Familie vorgesehen.

Vor der Siedlung Frellesvig biegen Sie links auf einen unbefestigten Wirtschaftsweg zum Waldgebiet *Ravnebjerg Skov* ab. Auch dort finden Sie ein altes Hühnengrab, »König Renes Hügel«. Das Ganggrab stammt aus der Bauernsteinzeit (etwa 3000 v. Chr.) und wurde bisher noch nicht auf mögliche Schätze untersucht! Wieder lohnt sich ein Abstecher an den schönen Strand bei Asø, bevor Sie auf einer traumhaften Allee den Ort Tranekær erreichen. Tranekær ist der wohl bekannteste Ort Langelands und gilt als die heimliche Hauptstadt der Insel. Die meisten Einwohner waren früher im Schloß beschäftigt. Und noch heute spürt man die Macht und den Einfluß, der von dem Schloß auf das Dorf in seinem Schatten ausging. Auf der schmalen Straße schlängeln Sie sich durch die bunten Fachwerkhäuser hindurch, die sich hinter dem Schloß zu einer Allee verbreitert. Wenn Ihnen der Magen knurrt, empfiehlt sich ein Besuch des schönen, alten *Kros*.

Das knallrote Schloß

Ein König Tran hat nach alten Erzählungen in grauer Vorzeit die Burg auf dem Hügel errichtet, die heute Tranekær heißt. Das heutige Schloß blickt auf eine mehr als 700 Jahre alte Geschichte zurück. Die frühere Burg des Königs Valdemar wurde mehrfach umgebaut, zuletzt 1860, als man den eigentümlichen achteckigen Turm anbaute. Im Spätmittelalter wurden aufgrund der neuen Feuerwaffentechnik die rundbogigen Fenster durch eine innere Vermauerung geschlossen, die die Mauerstärke in den unteren beiden Stockwerken verdoppelte. Die Westfassade bekam dadurch eine Mauerdicke von drei Metern!

In der Zeit nach der Reformation verfiel das Schloß. 1640 war einer Chronik zufolge »der größte Teil der Schloßfenster vom Sturm heruntergeweht«. Eine Renaissance erlebte Schloß *Tranekær* unter Generalmajor Frederik Ahlefeldt-Laurvig. Die schillerndste Figur der dänischen Grafengeschichte erbte 1791 das Gut. Wegen seiner militärischen Karriere wurde der Graf schlicht »der General« genannt und ging als solcher auch in die Geschichte des Eilandes ein. Er versuchte, hier sein eigenes kleines Fürstentum aufzubauen. Über 60 Prozent langeländischen Bodens gehörten bald zu seinem Gut.

Schloß Tranekær

Tranekær entwickelte sich zu einer richtigen kleinen Stadt. Der General renovierte nicht nur das Schloß und führte zahlreiche landwirtschaftliche Reformen durch. Er sorgte sich auch um das Wohl seiner Untertanen, holte Ärzte und Tierärzte nach Langeland, setzte überall auf der Insel ausgebildete Hebammen ein und impfte sogar eigenhändig rund 1000 Kinder gegen Kuhpocken! Auch einen Kindergarten richtete der General ein - »Asyl« genannt - und sogar eine Realschule. Auch die Kunst interessierte den Grafen. Unterhalb des Schloßhügels ließ er ein Theatergebäude errichten und Wohngebäude für Schauspieler und Musiker bauen. Selbstverständlich hatte er auch ein privates Orchester mit hervorragenden Musikern.

Seine vielfältigen Initiativen brachten den General bald in arge finanzielle Bedrängnis. Schließlich wurde er wegen seiner kolossalen Schulden für unmündig erklärt. Erst unter seinem Neffen Christian gelang es, den Gutsbetrieb wieder zu sanieren. Leider kann man das Schloß nicht besichtigen - noch immer ist es der Wohnsitz der Familie Ahlefeldt-Laurvig. Ein Schloßmuseum mit einer Ausstellung über die Geschichte des Schlosses und langeländische Gartenbaukunst und ein Rundgang durch den schönen Stadtpark entschädigen aber dafür. Hier ist die alte Kunsttradition *Tranekærs* noch lebendig: 16 dänische und ausländische Künstler haben sich zur Künstlergruppe TICKON zusammengeschlossen. Die Kunstwerke fallen unter die Kategorie »land art« oder Naturkunst. Die Künstler haben ihre Arbeiten mit Naturmaterialien harmonisch in die Parklandschaft integriert.

- Das Schloßmuseum hat vom 15.5. bis zum 30.9. geöffnet. Montags bis freitags von 12 bis 17 Uhr, am Wochenende von 13 bis 17 Uhr. Der Schloßpark hat täglich geöffnet, nur in der Hauptsaison kostet der Eintritt 15 Kronen, Kinder sind frei.

Vor dem Schloß führt eine Seitenstraße zur eineinhalb Kilometer entfernten Schloßmühle. Die holländische Windmühle von 1845 dient heute als Museum, das über die Geschichte der Windmühlen auf Langeland berichtet. Wollen Sie einen Rundkurs nach Lohals an der Nordspitze fahren, empfiehlt es sich, den schöneren Teil entlang der Ostküste nach Norden auf dem Hinweg zu fahren und zurück die schnellere Straße in der Mitte der schmalen Insel zu nehmen.

Am Schloß vorbei, auf der Route 80, führt der Radweg weiter nach Botofte. Noch immer weist der Ort, der bis auf das Jahr 1231 zurück-

Windgenerator auf Langeland

geht, den Charakter eines lockeren Haufendorfes auf. Nur wenige Häuser sind dazugekommen, das mittelalterliche Straßennetz des Ortes ist weitgehend erhalten. Am Ortsausgang verlassen Sie die Route 80 und fahren links auf der Route 81 nach Lejbølle. Dort biegen Sie rechts und nach einem Kilometer wieder links ab auf eine unbefestigte Straße nach Sønderskov Huse. Über ein dutzend große Windturbinen drehen sich verstreut in der Landschaft um Tressebølle.

In Snøde Hesselbjerg berührt die Fahrradroute die Küste. Hier können Sie noch einmal ins Wasser springen, bevor Sie im Zickzackkurs weiter nach Norden radeln. Doch immer wieder führen Wege hinunter zum Strand. Vor dem Ortseingang nach Lohals fahren Sie durch eine wunderschöne Allee: wie die Gewölbe eine Kathedrale überdachen die dichtbelaubten Bäume den schmalen Weg. Einen Kilometer fahren Sie auf der Hauptstraße, dann biegt der Radweg rechts ab in Richtung *Hov*. Am Ortseingang von Lohals haben Sie das etwas zweifelhafte Vergnügen, das Tom Knudsen Safarimuseum besichtigen zu können. Der Sohn der Stadt wanderte 1910 nach Amerika aus. In dem kleinen Haus neben dem Schulhof sind seine exotischen Jagdtrophäen und ethnographischen Beutestücke zu besichtigen. Es ist neben der Kopenhagens die größte Wildsammlung Dänemarks.

Grüne Don Quijotes und weiße Windmühlen

Durch seine lange Küstenlinie und eine durchschnittliche Windgeschwindigkeit von sieben bis acht Metern pro Sekunde hat Dänemark gute Voraussetzungen für die Nutzung von Windenergie. Doch die klimatischen Bedingungen allein sind kein ausreichender Grund. An der französischen Atlantikküste etwa stehen bei ähnlich idealen Bedingungen kaum Windräder - Frankreich setzt traditionell auf Kernenergie. In Dänemark haben dagegen nicht nur Windmühlen, sondern auch die Stromerzeugung mit Windkraft eine lange technische Tradition: schon 1890 hat man in der *Askov*-Schule das erste stromerzeugende Windrad installiert. 1978 wurde bei Ulfborg am *Nissumfjord* eine der größten und effektivsten Windkraftanlagen der Welt installiert. Mittlerweile hat sich aus dieser alternativen Technologie ein beachtlicher Wirtschaftszweig entwickelt. In der Herstellung und Entwicklung von »Windenergiekonvertern« (WEK) - wie die modernen Windmühlen im Fachjargon heißen - ist Dänemark inzwischen führend auf der Welt.

Das Ministerium für Umweltschutz bittet seit 1982 jede Behörde, bei der Aufstellung kleinerer Windkraftwerke keine Probleme zu machen. Wer ein Windrad aufstellt, bekommt in Dänemark für die gesamten Kosten einen 30prozentigen Staatszuschuß. Wenn der Wind einmal einschläft, muß der Betreiber natürlich Strom von den Elektrizitätswerken beziehen. Produziert das Windrad mehr Strom als benötigt, kann der Betreiber den Strom zum halben Preis, den er selber bezahlt, ans Netz abgeben. Unter dem Strich sparen Verbraucher, die auch mit Strom heizen, im Durchschnitt die Hälfte ihrer Energiekosten.

Kurioserweise kommt der Widerstand gegen die Windkrafttechnik gerade von Naturschützern. Sie beschweren sich über die »visuelle Umweltverschmutzung« und die Geräuschbelästigung und werfen den Betreibern vor, die Ökosysteme an den Küsten zu stören. Dieser Kampf der Naturschützer gegen die Aufstellung neuer Windenergie-Anlagen erinnert stark an den allseits bekannten Don Quijote (zu seiner Zeit prägten vermutlich Zehntausende von Windmühlen das Landschaftsbild Europas!). Viele Vorwürfe gegen Windkraftwerke, etwa für den Tod zahlreicher Zugvögel verantwortlich zu sein, sind bisher unbewiesen. Tatsache bleibt, daß Windenergieanlagen dem Klimaschutz und der Luftreinhaltung dienen und damit langfristig dem Erhalt der Naturlandschaften, welche die Windkraftgegner doch eigentlich schützen wollen. Jedoch sind die Vorwürfe der Windkraftgegner Anlaß genug, in Zukunft vielleicht etwas sensibler bei der Ortswahl der Windräder vorzugehen.

- Tom Knudsens Safari Museum: Hovvej 49, von Pfingsten bis zum 1. September samstags von 15 bis 17 Uhr, sonntags 10 bis 12 und 15 bis 17 Uhr geöffnet. Juli und August zusätzlich auch dienstags und donnerstags von 15 bis 17 Uhr.

Lohals

Das kleine Fischerdorf Lohals ist heute ein typischer Touristenort. Früher gab es hier eine eigene Schiffahrt, die sogenannten »Birnenschuten«. Sie brachten Obst nach Kopenhagen und Ålborg, wo es direkt am Hafen verkauft wurde. Die Skipper hatten in Lohals ihre eigenen Höfe mit Obstgärten. Heute macht die kleine örtliche Fischereiflotte einen Spaziergang am Hafen lohnenswert. Von Lohals besteht heute eine Fährverbindung nach Korsør auf Seeland. Früher gab es auch eine kleine Fähre nach Lundeborg auf Fünen. Von dem gemütlichen Hafenstädtchen sind es noch einmal etwa dreieinhalb Kilometer bis zur nördlichen Inselspitze. Dort gibt es neben einem großen, unter Naturschutz stehenden Strandgebiet schöne Badestrände und natürlich auch einen Campingplatz. Auf der Mitte der Insel radeln Sie auf der Hauptstraße zurück nach Tranekær. Dort biegen Sie links ab zum vier Kilometer entfernten Stengade. Beim Gutshof *Grønslettegård* stoßen Sie wieder auf die Route 81, der Sie nach rechts folgen.

Tabakanbau in Dänemark?

Nach einem Kilometer können Sie links den »Tobaksladen« besichtigen. In dem kleinen Museum ist die Geschichte des Tabakanbaus auf Langeland nachgezeichnet. Schon im 18. Jahrhundert glückte der Anbau von Tabakpflanzen in Dänemark. Während der Weltkriege gab es Probleme mit dem Tabakimport und viele Bewohner der »grünen Inseln« Langeland und Fünen legten Tabakplantagen an - und verdienten gutes Geld damit.

Diese Scheune wurde 1944 gebaut. Sie diente zum Trocknen der auf Schnüre gefädelten Tabakblätter. Da der dänische Tabak nicht mit der Qualität importierter Ware zu vergleichen war, kam der Anbau wieder zum Erliegen. 1947 beendete man den Tabakanbau in Dänemark endgültig und benutzte die Scheune nur noch zum Dreschen des Korns.

- Stengadevej 24, geöffnet vom 28.3. bis zum 23.10. täglich von 10 bis 18 Uhr. Der Eintritt zur Scheune und Ausstellung, beide unter Obhut des Langeland-Museums, ist frei.

Durch das Waldstück *Stengade Skov* führt ein Weg hinunter zum Strand. Hier wurde dänische Geschichte geschrieben: an dieser Stelle reimte der dänische Dichter Adam Oehlenschläger eine der beiden Nationalhymnen des Landes »*Der er et yndigt Land*«. Frei übersetzt lauten die ersten vier Strophen:

Es gibt ein anmutiges Land
es liegt mit seinen mächtigen Buchen
am salzigen Ostseestrand
es schlängelt sich durch Hügel und Täler.
Es heißt altes Dänemark
und ist der Saal Frejas.

Dort saßen in vergangenen Zeiten
die in Rüstungen gekleideten Riesen
und erholten sich vom Kampf; dann zogen sie
weiter zu den Schätzen ihrer Feinde.
Jetzt ruhen ihre Knochen unter
den Steinen der Grabhügel.

Dieses Land ist noch immer schön,
da die blauen Meere es umgeben
und das Laub so grün ist; edle Frauen
und schöne Mädchen, Männer und
tüchtige Burschen wohnen auf
den Inseln der Dänen.

Gepriesen sei der König und das Vaterland,
gepriesen sei ein jeder Däne, der
arbeitet, so viel er kann! So lange
die Buchenwipfel sich in den
blauen Wellen spiegeln, muß unser
altes Dänemark bestehen!

Nebenbei ist der Küstenstreifen meiner Meinung nach der schönste Badestrand Langelands. Etwas weiter nördlich steht eine alte Schanzenanlage aus den Kriegen gegen England. Weiter geht's über den Ort Løkkeby durch die schöne Küstenlandschaft auf einem teilweise unbefestigten Radweg zum Küstenort *Spodsbjerg*. Der kleine Fischerort entstand im Mittelalter durch die Rodung der Küstenwälder von Longelse, dem einzigen Hafen an der Ostküste. Er umfaßte lediglich drei Höfe und einige Fischerhäuser. Die Fischerei spielt weiterhin eine wichtige Rolle für diesen Ort. Bedeutung hat er aber vor allem durch die Fährverbindung nach Tårs auf der Insel Lolland. Am Hafen rechts weist ein Schild »Route 8" auf einen nationalen Fahrradweg hin, dem Sie zurück nach Rudkøbing folgen.

Tagestour Südlangeland

Rudkøbing - Lindelse - Skovsgård - Humble - Ristinge - Bagenkop - Humble - Lindelse - Rudkøbing (81 Kilometer)

Fahren Sie auf der ausgeschilderten Fahrradroute 82 in der Mitte der Insel durch einige kleine Dörfer nach Lindelse, oder nehmen Sie die schnellere Straße, die direkt von Rudkøbing um die Lindelse-Bucht in den Ort führt. Dann haben Sie auch die Möglichkeit, einen Blick auf die vorgelagerte Insel Strynø zu werfen. In Hennetved, zwei Kilometer südlich von Lindelse, biegt rechts ein Weg in Richtung Bradsby zum Herrenhof *Skovsgård* ab - ein Gutshof mit 250.000 Besitzern! Den Grund dafür findet man in der Zeit vor 15 Jahren: die Gutsherrin Ellen Fuglede lebte zurückgezogen als letzte von sechs Generationen im Hauptgebäude des Guts - die letzten 30 Jahre ganz allein. Nie verließ sie den Hof, den ihr Großvater 1889 im Stil der Spätrenaissance bauen ließ. Sie liebte das Anwesen und die Landschaft so sehr, daß sie nichts veränderte. Im Keller wurde auf dem Kohlenherd gekocht und mit Kaminen geheizt. Es gab weder WC noch Bad. Jegliches Wasser mußte vom Brunnen des Mühlenhofes geholt werden - mit dem Pferdewagen!

1973 ließ sie ihre Liegenschaften unter Schutz stellen, um ihr geliebtes *Skovsgård* in seiner Gesamtheit zu erhalten. Nach ihrem Tod vermachte sie das Gut »Dänemarks Naturfond« (*Dansk Naturfredningsforening*). Der Fond wird von Dänemarks Naturschutzvereinigung betrieben. Und es sind somit die 250.000 Mitglieder des Vereins - jeder vierte Haushalt Dänemarks - die heute die »Herren« des *Skovsgård* sind.

Sie können eine Ausstellung alter Pferdefuhrwerke und ein Forstmuseum besichtigen. Außerdem gibt es eine große Gartenanlage mit allerlei Museumsstücken. Hier erhalten Sie Unterlagen mit weiteren Hinweisen zu der Gegend, darunter Wanderungen in Begleitung eines geschulten Naturführers. In der Nähe liegt auch ein altes Wikingergrab im *Konabbe Skov*. Es handelt sich um eine sogenannte »Schiffssetzung«: große Findlinge sind in Form eines Schiffes aufgestellt.

- *Skovsgård:* Kågårdsvej, geöffnet vom 1.4. bis zum 1.11. täglich von 10 bis 17 Uhr

In *Paø* hat der dänische Naturfonds die Brachlandschaft wieder in Feuchtgebiete umgewandelt, um den Lebensraum für die zahlreichen Wasservögel in dieser Gegend zu erweitern. Ein teilweise unbefestigter Weg führt um das Naturschutzgebiet herum. Am Wasser können Sie in Ruhe die Natur genießen. Natürlich gehört zu einem richtigen Herrenhof auch eine Mühle. Die können Sie ebenfalls besichtigen. Sie liegt am Weg zurück zur Route 83, der Sie links in Richtung Humble folgen. Das Dorf liegt im hügeligsten Teil Langelands.

In der Nähe der Kirche, eine der größten Dorfkirchen Dänemarks, liegt auch ein eindrucksvolles Denkmal der dänischen Vorgeschichte: das

Grab des Königs *Humble (»Kong Humbles Grav«).* Der Langdolmen ist mit 55 Metern Länge und 77 Randsteinen der größte Langelands und zählt zu den längsten Dänemarks. Das Vorhandensein einer einzigen Grabkammer in der Mitte der Anlage ist ungewöhnlich. Archäologen vermuten daher, es handele sich hier um das Grab eines großen Häuptlings aus der Bauernsteinzeit (ca. 3000 v. Chr.). Ich habe gleich den großen Hügel gegenüber der Kirche erklommen und stolz einige Fotos gemacht. Jedoch weist die Infotafel an der Bushaltestelle am Fuß des Hügels eindeutig darauf hin, daß das Grab ganz woanders liegt: auf dem Feld hinter dem ersten Gutshof am Ortseingang. Ich bin bestimmt nicht der erste Tourist, dem dieser Irrtum unterlaufen ist! Und ein wenig ärgerte ich mich über den Busfahrer an der Kirche, der mich nur mit einem amüsierten Lächeln bedachte.

Dann umfahren Sie den Ort und biegen in der Siedlung Helsned links ab nach Hesselbjerg. Hier verlassen Sie die Route 82, um einen empfehlenswerten Abstecher nach Ristinge zu machen. Neben den hervorragenden Bademöglichkeiten bietet Ihnen die Halbinsel schon einmal einen Vorgeschmack auf Ærø, das sich im Westen aus dem Wasser erhebt.

Ristinge Klint gehört zu den größten geologischen Attraktionen im Kreis Fünen. Hier hat das Eis die Landschaft zu fast senkrecht stehenden Flächen aufgeschoben. In der 20 Meter hohen Steilküste sind über 30 Schichten aus der Eiszeit zu sehen - einige der Sedimentlagen sind reich an Fossilien. Das Meer frißt sich langsam in die Steilküste hinein und lagert das Material bei *Ristinge Hale* ab, einem der wenigen Orte Fünens, mit Flugsanddünen. Hier liegt einer der besten Badestrände Dänemarks.

Vom Parkplatz südlich von Ristinge führt ein Wanderweg zum *Piledyebet*, einem mit Schilfrohr bewachsenen Strandsee. Hier nisten unterschiedliche Tauchvögel, und hin und wieder sieht man Trauerseeschwalben. Auf einem schmalen beschilderten Weg entlang der Wasserlinie gelangen Sie nach zwei Kilometern zum Naturschutzgebiet *Tryggelev Nor*. Es zählt zu den schönsten Naturreservaten Dänemarks: die zahlreichen Seen, Schilfsümpfe, Wiesen und Dickichte bieten einem einzigartigen Vogelbestand Lebensraum: Über 30 brütende Arten können Sie hier beobachten, von der Nachtigall bis zur Graugans. Bis zum Ende der 60er Jahre wurde an der Westseite des Noors noch Kies abgebaut. Heute bildet die Grube metertiefe Seen, in denen allerhand Federvieh, vor allem Haubentaucher, nach Nahrung sucht.

Nachdem die dänische Vogelschutzstiftung 1975 den *Tryggelev Bodden* übernahm, ist das Vogelleben noch reicher geworden. 1974 brüteten hier 14 Vogelarten. 15 Jahre später waren es 30 Arten. »Im selben Zeitraum hat sich die Anzahl der Brutpaare mehr als verdreifacht«, freut sich die Stiftung, »im ganzen brüten fast 70 Arten in dem Reservat.« Von den beiden versteckten Aussichtstürmen kann man sich einen Überblick verschaffen und sich außerem in einer kleinen Ausstellung und auf Schautafeln informieren. Besonders interessant: Ende Juli ist der Wattvogelzug in vollem Gange. Viele Tiere rasten auf den Wiesen und in dem flachen Wasser.

- *Tryggelev Bodden*: Sonntags von 10 bis 12 Uhr und mittwochs von 15 bis 17 Uhr werden kostenlose Führungen veranstaltet.

Vom Ufer aus fahren Sie zurück nach Hesselbjerg und folgen der Route 82 nach rechts bis zum etwa neun Kilometer entfernten Bagenkop an der Südspitze der Insel. Die lichten Wälder um Gulstav sind sogenannte »Stangenwälder« - die älteste bekannte Form der Forstwirtschaft. Die Bäume werden in Abständen von zehn bis zwanzig Jahren geschnitten. Aus den Baumstümpfen können sich so neue Schößlinge entwickeln. Die Stangen dienen traditionell als Baumaterial für Zäune und als Brennholz.

Bagenkop - das Ziel aus Kiel

Bagenkop ist der Hafen, den man als Fahrgast der Langeland-Kiel-Linie anläuft. Früher bescherte hauptsächlich der Fischfang den Menschen Lohn und Brot, heute ist die Fährlinie Hauptarbeitgeber der Stadt. Trotz des Rückgangs der Fischerei ist Bagenkop aber immer noch der größte Fischereiort auf Langeland. Die relativ große Kutterflotte bildet auch die Grundlage der vielen Handwerksbetriebe im Hafen. Dort steht ein kleiner Imbißwagen mit köstlichen Brötchen und Fischgerichten. Wer es etwas gediegener liebt, dem sei das *Bagenkop Marine Center* empfohlen - ein schönes Fischrestaurant am Hafen, traditionell in Holz gebaut.

Um die Südspitze von Langeland führt durch den Niederwald eine schöne Wanderroute, die man auch mit dem Fahrrad befahren kann. Folgen Sie den gelben Markierungen an den Bäumen! Der Rundweg ist etwa drei Kilometer lang. Zwei Kilometer südlich von Bagenkop, neben dem ehemaligen Gutshof *Søgård*, liegt links neben der Straße das *Hulbjerg*-Grab. Es ist das besterhaltene Hünengrab Langelands. Grab und Grabkammer sind nach oben hin geschlossen. Denken Sie daran, eine Taschenlampe oder eine Kerze mitzubringen. Aber wahscheinlich hat ein netter Besucher vor Ihnen am Eingang eine Kerze zurückgelassen.

Bagenkop

Den 16 Meter hohen Huthügel *Dovs Klint* am äußersten Inselende hat das Meer zur Steilküste abgeschliffen. Vom südlichsten Punkt Langelands aus kann man in den Monaten September und Oktober große Scharen nach Süden ziehender Vögel beobachten. Am frühen Morgen steigen Greifvögel in den Himmel, bevor sie über der Ostsee auf Jagd gehen.

Je nachdem, wie eilig Sie es haben, wieder zurück nach Rudkøbing zu kommen, bieten sich nun verschiedene Möglichkeiten an. Für eine zügige Rückfahrt empfiehlt sich die mäßig befahrene Landstraße über Sændballe, Humble und Lindelse. Dort können Sie an der Kirche rechts und an der Windmühle gleich wieder links auf der Route 82 noch einen Bogen über die Inselmitte schlagen, bevor Sie am Abend das »heimatliche« Rudkøbing erreichen.

Ærø - die Insel der Aussichten

Der schöne Ausblick über die Ostsee und das südfünische Inselmeer, der sich auf Ærø an vielen Stellen bietet, brachte ihr den Beinamen »Insel der Aussichten« ein. Das bringt natürlich auch einige Hügel mit sich. Und falls Sie den 75 Kilometer langen Rundkurs um die Insel an einem Tag fahren wollen, sollten Sie schon ziemlich gut in in Form sein und früh aufstehen. Vor allem zum Schluß der Tour scheinen die Hügel immer höher und steiler zu werden!

In einem isländischen Skaldenlied wird Ærø 1137 zum ersten Mal erwähnt. König Errie habe hier gegen die Wenden gekämpft und acht Schiffe besiegt. Ærøs weitere Geschichte ist von komplizierten Zugehörigkeitsverhältnissen geprägt. Die armen Leute von Ærø waren ein ständiger Spielball zwischen dem König, den Schleswiger Herzögen und norddeutschen Grafen.

Tagestour Ærø

Marstal - Gråsten Nor - Vodrup Klint - Bregninge - Søby - Skovby - Strandhuse - Ærøskøbing (75 Kilometer)

Siebenmal am Tag fährt im Sommer die Fähre von Rudkøbing nach Marstal auf Ærø. Die Überfahrt dauert 35 Minuten. Sie können also getrost in Rudkøbing übernachten und morgens übersetzen. In der alten Seefahrerstadt Marstal beginnen Sie Ihre »Tour d'Ærø«.

Im 16. Jahrhundert war Marstal noch ein kleines Fischerdorf, bevor es sich im 18. Jahrhundert zu einer bedeutenden Seefahrerstadt mit großen Werften entwickelte. Als man 1825 mit dem Ausbau des Hafens begann, halfen Bauern, aus der Umgebung Steine heranzuschaffen. Bei dieser Gelegenheit wurden leider viele prähistorische Hünengräber geplündert. 1830 war die Mole mit diesen geschichtsträchtigen Fundamenten fertig. Nachdem die Entwicklung des Handels während der Napoleonkriege fast zum Erliegen gekommen war, erhielt die Marstal-Flotte nach der industriellen Revolution Mitte des 19. Jahrhunderts neuen Wind. Um die Jahrhundertwende waren 320 größere Segelschiffe, es handelte sich meist um Dreimastschoner, in Marstal beheimatet. Die Schiffe, die auf eigenen Werften gebaut wurden, waren weltweit im Einsatz und dafür bekannt, daß sie jede Ladung annahmen, die ihnen angeboten wurde. Es wurde gelästert: »Wo der Teufel sich selbst nicht hintraut, da schickt er einen Mann aus Ærø.«

Mit der Einführung der Dampfschiffe gaben viele Segelschiffzentren die Schiffahrt auf - nicht Marstal. Die Stockfischfahrten von Neufundland zu europäischen und südamerikanischen Häfen war die letzte Route, die einen großen Teil der Marstal-Flotte beschäftigte. Doch auch diese Fahrten endeten in den dreißiger Jahren dieses Jahrhunderts. Die Segel-

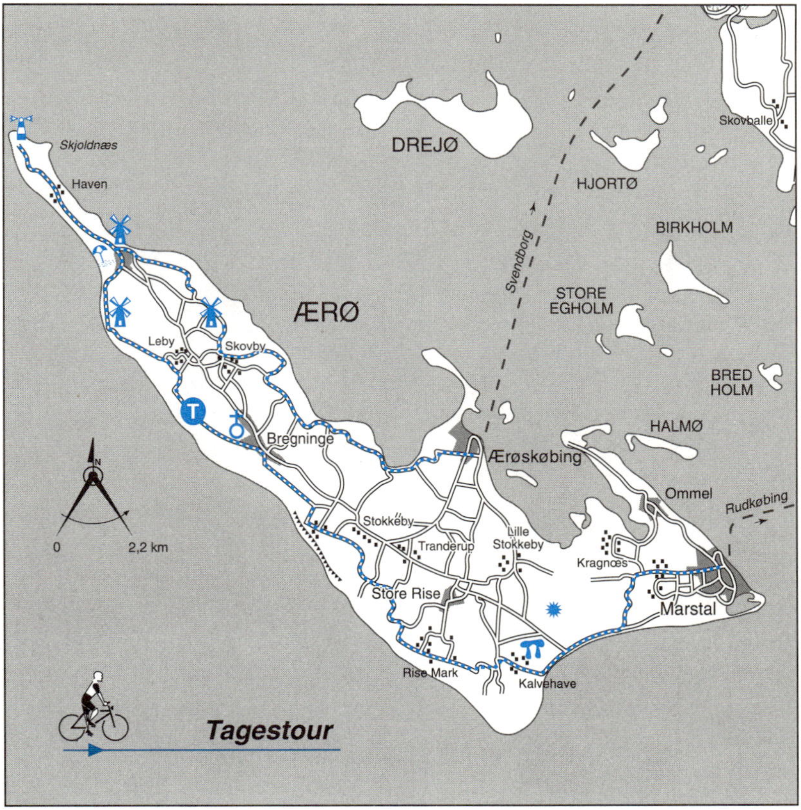

schiffe wurden mit Motoren ausgestattet und später von den stählernen Fahrzeugen ersetzt, aus denen heute die Flotte besteht. Über 60 »Kümos« (Küstenmotorschiffe) bilden heute zusammen mit einer modernen Hafenanlage und einem großen Liegeplatz für Segelyachten die wirtschaftliche Grundlage der Stadt.

Seefahrtmuseum

Für einen Besuch des Seefahrtmuseums, das Sie rechts vom Anlieger finden, sollten Sie genügend Zeit mitbringen. Es ist kein Museum der herkömmlichen Art. Jedes Jahr erhält das Museum soviel neues Material geschenkt, daß die Räume bei weitem nicht mehr für alle Exponate ausreichen. Manche der vielen Räume erinnern eher an eine Rumpelkammer, die aber interessante Rückblicke in die Grundzüge der Seefahrtsgeschichte möglich macht.

Seefahrtmuseum Marstal

Das Gebäude aus dem Jahre 1857 war ehemals ein Schiffshandel, bevor man es 1929 in ein Museum umwandelte. In den Jahren kamen drei weitere Gebäude hinzu. Mittlerweile gibt es 35 Ausstellungsräume auf über 650 Quadratmetern. Besonders interessant sind die zahlreichen Schiffsmodelle, die meisten aus der Werkstatt Lorens Hansens. Originalgetreu hat der Langeländer Modellbauer Planke für Planke auf die Minispanten des Rumpfs genagelt, alle Details selber hergestellt.

- Seefahrtmuseum: Prinsengade 4, geöffnet von Juni und August täglich von 9 bis 17 Uhr, im Juli bis 21 Uhr. Mai und September täglich von 10 bis 16 Uhr, sonst nur von Montag bis Freitag 10 bis 16 Uhr und am Wochenende von 11 bis 13 Uhr. Tel. 6253 2331

Auch auf einen Bummel durch die Fußgängerzone der Stadt und eine Besichtigung der Kirche sollten Sie nicht verzichten. Die Kirche von Marstal ist eine typische Seefahrtskirche. Sie wurde 1737 auf Initiative der Seeleute errichtet, die sogar die Steine und das Holz zum Bauplatz fuhren. Das Innere der Kirche wird von den vielen wirklichkeitsgetreuen Schiffsmodellen beherrscht, die unter den Gewölben hängen. Die beiden ältesten stammen aus den Jahren 1738 und 1778.

ℹ Touristbureau: Kirkestræde 29, 5960 Marstal, Tel. 6253 1960
Vandrerhjem, Færgestræde 29, Tel. 6253 1064
Camping: Egehovedvej 1, Tel. 6253 3600

Sie verlassen die Stadt auf der Møllevjen-Straße und folgen der Route 91. Ausgeschildert ist die Stadt Søby (21 Kilometer) am anderen Ende der Insel. Achtung: Die kleinen blauweißen Routenschilder sind oft schwer zu erkennen, weil sie von hohem Gras und anderen Gewächsen umwuchert sind! Da muß sich der Fremdenverkehrsverein noch etwas einfallen lassen, denn die ansonsten vorbildliche Beschilderung verliert so ihren Nutzen. Das gilt natürlich nicht nur für die Insel Ærø, auch auf Fünen gibt es damit Probleme.

Sie umfahren den Flugplatz, wo unübersehbar für Rundflüge geworben wird, und dann sehen Sie von weitem die Steilküste von *Vodrup Klint*. In Græsvænge biegt der Radweg nach Süden ab, und schon sind Sie wieder an der Küste - auf einem Wall, der vor der Trockenlegung Ærøs die einzige Verbindung Marstals mit der übrigen Insel war. Das Feuchtgebiet *Gråsten Nor*, das nun rechts von Ihnen liegt, ist eines der größten unbewirtschafteten Gebiete der Region, was es besonders für Botaniker und Vogelkundler interessant macht. Hier können Sie mit etwas Glück so seltene Vögel wie die Uferschnepfe oder den Kampfläufer beobachten. Sie sollten aber die Hinweisschilder beachten und darauf verzichten, abseits der Wege in das eigentlich recht harmlos aussehende Gelände vorzudringen - nicht zuletzt, weil Sie sich bestimmt nicht so gut über sumpfigem Wasser halten können wie der Springfrosch, der hier in den kleinen Tümpeln und Moorlöchern zu Hause ist!

Volden (»der Wall«) ist eine Burganlage aus dem 14. Jahrhundert. Er bestand ursprünglich aus einer runden Hauptbank mit einer Vorburg und zwei kleinen Wällen. 1809, als Dänemark gegen England Krieg führte, wurde die Burg zu einer Verteidigungsbatterie umgebaut und mit schweren Kanonen ausgerüstet. Nach zwei Kilometern auf der Küstenstraße liegt vor Ihnen eine weitere historische Sehenswürdigkeit: die steinzeitlichen Häuptlingsgräber auf den Hügeln von *Lindbjerg* - ein Langdolmen und zwei Ganggräber. Der Weg auf den Hügel wird mit einem schönen Blick über die Insel belohnt.

Weiter führt die Route 91 in Richtung Lindbjerg entlang der Südküste Ærøs. Große Windkraftanlagen tauchen immer wieder vor Ihnen auf, stören aber nicht das wunderschöne Panorama, das die Insel bietet. Viele Bademöglichkeiten sind ausgeschildert. Vor Rise Mark können Sie erneut einen Langdolmen inklusive Info-Tafel besichtigen. Die 1945 restaurierte Grabanlage stammt aus der frühen Bauernsteinzeit. Nach einigen treppenartigen Rechts/Linkskurven erreichen Sie den Ort Tranderup an der geologisch interessanten Steilküste *Vodrup Klint*. Ganz deutlich sieht man hier, wie die Landschaft terrassenartig zur Küste hin abfällt. Die Terrassenbildung ist auf Erdrutsche zurückzuführen.

Die mehrere Kilometer lange und bis zu 30 Meter hohe Steilküste ist größtenteils zugänglich. Am besten beginnen Sie eine Wanderung vom Parkplatz aus, denn von hier führen viele Treppenstufen hinunter zur Küste. Sie dürfen sich auch auf den beweideten Wiesen aufhalten - falls Sie sich nicht vor den großen braunen Kühen fürchten! Interessant ist auch die Kirche von Tranderup. Sie stammt zwar schon aus dem 13. Jahrhundert, doch der Turm wurde erst im Jahre 1832 vom Architekten C. F. Hansen gezeichnet - der ebenfalls den berühmten Dom von Kopenhagen entworfen hat.

Schweinereien im Kirchhof

Nach wenigen Kilometern erreichen Sie den langgestreckten Ort *Bregninge* - nicht zu verwechseln mit seinem Namensvetter auf der Insel Tåsinge. Hier sollten Sie der schönen Kirche mit dem großen schindelgedeckten Turm einen Besuch abstatten. Im 13. Jahrhundert erbaut, erinnert der Baustil an Kirchen aus Ostholstein. Einige der berühmten spätgotischen Kalkmalereien sind leider nicht mehr im Original zu sehen. Dafür entschädigen aber alte Fotoreproduktionen in der Eingangshalle der Kirche. Beachten Sie das geschnitzte Triptychon von Claus Berg (1530), der auch den Altar der St. Knuds-Kirche in Odense geschaffen hat. Den Rost, der bei einem Seiteneingang noch erhalten sein soll, habe ich nicht gefunden - vielleicht haben Sie mehr Glück? Früher richtete man Gruben mit Rosten vor den Eingängen ein, um freilaufende Schweine und Rinder aus der Kirche fernzuhalten.

Das saftige Gras auf dem Kirchhof diente nämlich nicht nur zur Zier. Es war Eigentum des Pastors und mit der Pflicht verbunden, es immer in passender Höhe zu halten. So ließen die Pastoren hin und wieder ihr eigenes Vieh innerhalb der Kirchhofmauern grasen, um sich die schweißtreibende Arbeit mit der Sense zu ersparen. In einem Schreiben der dänischen Kanzlei hieß es, an verschiedenen Orten werde sogar Handel mit dem Gras auf den Gräbern getrieben, wobei diese vom Vieh niedergetrampelt würden! Erst nach den weitgreifenden kulturellen Veränderungen im frühen 19. Jahrhundert endete diese Unsitte.

Hinter der Kirche von Bregninge geht es gleich links ab, immer der Route 91 nach. Leider ist die kleine Hinweistafel leicht zu übersehen, so daß Sie eventuell auf der Landstraße nach Søby weiterfahren. Das ist aber nicht weiter tragisch, denn in der nächsten Ortschaft Leby biegen Sie einfach »ærødynamisch« links ab, und schon treffen Sie wieder auf Ihre Route.

Das nächste Highlight der Tour ist schon von weitem zu sehen: die *Vitso Mølle*. Nicht nur die alte holländische Pumpenmühle aus dem Jahr 1883, sondern vor allem die Umgebung ist sehenswert: zwei malerische weiße Gutshöfe, kleine Seen, blühendes Moor, hohes Schilf und dazwischen eine halbverfallene Mühle. Vielleicht haben Sie Lust, an der Mühle Ihr Rad abzustellen und die Landschaft zu Fuß zu erkunden? In Leby können Sie einen Abstecher nach Søby Borgbanke (*Søby Volde)* machen. Hier wurde im 12. Jahrhundert eine mächtige Wallburg errichtet. Die Anlage liegt auf einem Höhenrücken, der sich in die innerste Bucht des alten Noors vorschiebt. Sie soll zu den besterhaltenen Wallanlagen Dänemarks zählen - was leider auch nichts daran ändert, daß sie einfach nur einen Sandhügel in der Landschaft bildet, allerdings mit einer Fahne darauf und einer schönen Aussicht über die Insel!

Heute bildet das *Vitsø Nor* eine ausgetrocknete Niederung. 1778 war das Gebiet bereits eingedeicht und trockengelegt, wurde jedoch bei der schweren Sturmflut im Jahre 1872 überschwemmt. Wenige Jahre später deichte man das Gebiet erneut ein und machte große Teile des Bodens urbar. Aber noch im 19. Jahrhundert war hier ein richtiger See, der *Hvide Sø*, vom Meer nur durch eine Sandbank und einen Damm abgetrennt. Bis Ende des 17. Jahrhunderts konnte man das Noor noch mit Schiffen befahren. Es war ein idealer Naturhafen, der eine ausgezeichnete Grundlage für Handel und Seefahrt bildete. Man kann sich gut vorstellen, daß die viereckige Wallanlage von Søby auf der Anhöhe den Rest einer Verteidigungsstellung bildete, die einst den Handelsort mit dem Namen Visby vor Seeräubern schützen sollte. Die kurze Blütezeit dauerte wahrscheinlich von der Mitte des 12. bis zum 13. Jahrhundert. Danach verlagerte sich der Schwerpunkt des Handels südwärts nach Ærøskøbing. Unterhalb der Wallanlagen liegt der restaurierte Herrenhof *Søbygård*.

Als Herzog Hans 1580 die Insel Ærø erbte, ließ er zu Füßen der alten Burg einen Großgutsbetrieb errichten. Sowohl das Hauptgebäude, das »Schloß«, als auch der Gutshof wurde auf Inseln eines kleinen Stausees gebaut, die miteinander durch Zugbrücken verbunden waren. Im letzten Jahr wurde eine umfangreiche Restaurierung begonnen. Die ganze Anlage mit ihrer imponierenden Aussicht über *Vitsø* rechnen Museumsexperten zu den schönsten kulturgeschichtlichen Denkmälern Dänemarks. Eine Einschätzung, die ich leider nicht teilen kann: für mich ein Hof wie jeder andere und nicht einmal besonders schön renoviert.

Vom Parkplatz in Søby Borgbanke führt ein Wanderweg zur *Vester Mølle*, der ältesten holländischen Windmühle Dänemarks. Sie wurde 1834 als Ersatz für zwei ältere Bockmühlen gebaut. Nach wenigen Kilometern fahren Sie durch das *Vitsø Nor* nach Søby.

Søby - die Stadt der Arbeit

Durch das *Vitsø Nor* fahren Sie nun nach Søby, einer sehenswerten Hafenstadt mit dörflichem Charakter. Unübersehbar steht die große, frisch restaurierte und strohgedeckte holländische *Søby Mølle* auf einem Hügel. Vielleicht haben Sie Interesse, eine Kerzenfabrik zu besuchen? Unmittelbar neben der Mühle befindet sich diese interessante Manufaktur, wo Sie auch kleine Geschenke einkaufen können.

Erst Mitte des 19. Jahrhunderts entstand der eigentliche Hafen von Søby. Die »Stahlschiffswerft und Motorenfabrik Søby« mit einem Schiffsbau- und einem Reparaturdock ist heute der größte Arbeitgeber auf Ærø. Am besten lassen Sie Ihr Fahrrad am Hafen stehen und machen einen Spaziergang durch die betriebsamen Werftanlagen. Wenn gerade gearbeitet wird und Sie den Betriebsleiter vorher fragen, können Sie eine der großen Werfthallen betreten und beim Bau oder der Reparatur eines Schiffes zuschauen. Innerhalb der großen Hafenanlage befindet sich auch ein nicht minder großer Kinderspielplatz und nicht weit davon ein Rastplatz und eine schön gelegene Cafeteria, wo sich Segler und Fahrradtouristen abends bei Hähnchen oder Bratfisch mit Pommes Frites treffen.

Wenn Sie hier in Søby übernachten wollen, stehen Ihnen ein Hotel, Gasthöfe (Info-Tafel am Hafen) und ein Campingplatz zur Auswahl. Der idyllische, aber einfache Campingplatz liegt außerhalb der Stadt am Meer. Hier haben Sie auch eine gute Bademöglichkeit - wenn Sie erst einmal auf allen vieren die großen und glitschigen Kieselsteine am Wasser überwunden haben!

- Camping: Vitsø 10, 5985 Søby, Tel. 6258 1479
  Hotel: »Søby Hotel og Kro«, Østerbro 2, Tel. 6258 1006

Dann haben Sie auch noch genügend Zeit, einen Abstecher zum vier Kilometer entfernten »Feuer von *Skjoldnæs*«, dem Leuchtturm an der West-

Søby, Ærø

spitze der Insel, zu machen. Von hier oben haben Sie einen herrlichen Ausblick auf Ærø und die vielen Inseln im Kleinen Belt. Besonders beeindruckend ist das Erlebnis am Abend, wenn im Westen die Sonne untergeht und Segelschiffe und Fähren um die Insel fahren.

Den Rückweg nach Ærøskøbing beginnen Sie am anderen Morgen auf der ausgeschilderten Radroute 90, die gleich hinter dem Hafen von Søby beginnt. Der Radweg führt durch das ehemalige Fjordgebiet *Stokkeby Nor*, das durch Deiche vor gut hundert Jahren trockengelegt wurde. Das Gebiet liegt teilweise unter dem Meeresspiegel, und es gibt kaum Waldbewuchs. Die einzige Abwechslung sind die vielen Knicks und Kurven der Wege, die schon bei Tranderup auffielen. Ursache sind die Einteilungen der Landschaft im 18. Jahrhundert in kleinere befestigte Felder. Viele Feldraine sind heute noch durch Steinwälle abgetrennt, andere sind durch gestutzte Pappeln markiert. Oberhalb von Bregninge geht es noch einmal aufwärts: 68 Meter über den Meeresspiegel. Und auch hier sind die Insel-Dänen stolz auf »ihre« Alpen!

Dann geht es wieder bergab an die Küste von Borgnæs. Neben einem kleinen Segelhafen und guten Bademöglichkeiten finden Sie hier auch ein großes Motel. Vielleicht werden Sie sich fragen, woher denn die Gäste kommen sollen, denn Autofahrer haben Sie bisher nur wenige gesehen. Aber bestimmt sind Sie dort als Radfahrer genauso herzlich willkommen!

Bis Ærøskøbing fahren Sie jetzt bergauf und bergab durch eine abwechslungsreiche Landschaft, teilweise auch auf nicht befestigten Wegen. Es ist ratsam, bei dieser Radtour nicht zu schmale Reifen zu benutzen, denn von der 75 Kilometer langen Strecke sind etwa acht Kilometer unbefestigt. Und bei Regen ist der Untergrund manchmal ganz schön aufgeweicht.

Ærøskøbing

Ærøskøbing gehörte lange Zeit zum Herzogtum Schleswig, und 1680, als es noch eine Hansestadt war, sah es fast genauso aus wie heute. Für die Besichtigung sollten Sie sich genügend Zeit nehmen. Eine schöne Hafenstadt mit vielen pittoresken Hausfassaden und Fachwerkhäusern erwartet Sie. Vielleicht sollten Sie gleich zum Fremdenverkehrsamt fahren und sich ein Faltblatt besorgen, wo die wichtigsten Sehenswürdigkeiten beschrieben sind. Viele halten die Stadt, die es in bemerkenswerter Weise vermocht hat, den mittelalterlichen Charakter der Straßen und kleinen Häuser zu bewahren, für die schönste Hafenstadt Dänemarks. Das ist natürlich relativ, aber ein Spaziergang über das Kopfsteinpflaster der Fußgängerzone und am Hafen entlang ist ein besonderes Erlebnis. Ein unglaubliches Glück beim Vermeiden größerer Stadtbrände ist die wesentliche Ursache für den guten Zustand der mittelalterlichen Straßenzüge.

Bestimmt halten Sie am »Puppenhaus« an und machen das obligatorische Foto vom kleinsten Haus der Stadt. Das Ærø-Museum in der *Brogade* 3-5 erinnert an die großen Tage der Seefahrt. Weiterhin werden Funde aus der Steinzeit und schöne Gemälde aus dem 19. Jahrhundert gezeigt. Auch sollten Sie das Flaschenschiffmuseum besuchen, das wohl auf der Welt einmalig ist.

- Das Ærø-Museum in der Brogade 3-5 hat vom 12.5. bis zum 18.9. täglich von 10 bis 16 Uhr geöffnet. Die *Flaskeskibssamlingen* in der Smedegade 22 öffnet zur gleichen Zeit. Tel. 62 52 29 51

Der malerische Hafen war jahrhundertelang die Quelle des Wohlstands von Ærøskøbing. Im Jahre 1522 erhielt die Stadt von König Christian II. das Handelsmonopol auf der Insel. Nach der Reformation gab es einen beträchtlichen Handel mit den Herzogtümern, den Ostseestädten und

Norwegen. Die günstige Entwicklung setzte sich bis zum Preußisch-Dänischen Krieg von 1864 fort. Das merkwürdige Kochhaus (*Kogehuset*) auf der Schiffsbrücke erinnert noch an die Zeit der hölzernen Segelschiffe. Die Schiffe waren leicht entzündbar. Nach einem Hafenbrand in Kopenhagen verbot Christian IV. 1618 den Seeleuten das Kochen auf den Schiffen im Hafen. In Ærøskøbing baute man zur Lösung dieses Problems ein Kochhaus, dessen sich die Seeleute bedienen konnten. Der merkwürdige Glasaufbau stammt aus dem Jahre 1850, als das Haus umgebaut und als Leuchtturm eingerichtet wurde.

Die letzte Fähre von Ærøskøbing nach Svendborg fährt um 19 Uhr ab. Bedenken Sie aber, daß es einen Winter- und einen Sommerfahrplan gibt! Der Winterfahrplan ist gültig für die Zeit vom 26. September bis 28. Mai. Die Fahrt nach Svendborg dauert etwas mehr als eine Stunde. An Bord erwartet Sie eine angenehme Überraschung: für 20 dänische Kronen (etwa 5 Mark) bekommen Sie eine große Kanne dampfenden Kaffee.

i Touristbureau: Torvet, 5970 Ærøskøbing, Tel. 6252 00
Vandrerhjem: Smedevejen 13, Tel. 6252 1044
Camping: Sygehusvejen 40B, Tel. 6252 1854

Svendborg - das »Kleine Kopenhagen«

Die Küste am Sund zwischen Fünen und Tåsinge war in der Frühzeit ein idealer Siedlungsort. Hier konnte man sich sowohl von der Fischerei als auch von der Jagd in den großen Wäldern des Hinterlandes ernähren. 1229 wird Svendborg erstmals erwähnt, als König Valdemar den Ort (zusammen mit Fåborg) seiner Schwiegertochter Eleonora von Portugal als Mitgift schenkte. In der Schenkungsurkunde heißt der Ort *Swineburgh* - vermutlich war die Siedlung zu dieser Zeit von einer Burg beschützt. Der Name Schweineburg weist auf die Tümmlerjagd hin, die hier betrieben wurde, denn der Tümmler heißt auf dänisch *marsvin* - »Meerschwein«!

Die Burg *Ørkild*, deren Ruinen man im östlichen Teil der Stadt heute noch sehen kann, wurde erstmals 1264 erwähnt und war damals im Besitz des Bischofs von Odense. Allmählich bildete sich dort eine Siedlung mit eigenem Handel und Schiffahrt. Die Bischofsburg wurde zu einer ernsthaften Konkurrenz für die Stadt. Während der Grafenfehde im Jahre 1536 stürmten die Bürger von Svendborg das verhaßte Bischofsnest und brannten es nieder. Im Laufe des späten Mittelalters wuchs Svendborg zu einer ansehnlichen Stadt mit zwei großen Stadtkirchen, der *St. Nikolaj* und der Frauenkirche und einem Franziskanerkloster. 1658 besetzten und plünderten schwedische Soldaten Svendborg in dem Krieg, der so viele Städte auf Fünen verheerte. 138 Häuser waren jahrelang von ihren Eigentümern verlassen.

Trotz guter Ankerplätze und großen Wäldern mit reichlich Material zum Bau von Schiffen, erlebte die Seefahrt am *Svendborg Sund* erst in der letzten Hälfte des 17. Jahrhundertes einen Aufschwung. Die Flotte, die aus kleineren Einmastern bestand, fuhr vorwiegend in der Ostsee. Der Krieg mit England (1817-14) und die nachfolgende Währungskrise traf die Seefahrt schwer. Doch im Laufe weniger Jahre gelang es Svendborg, zur zweitgrößten Zollstelle Dänemarks zu werden - übertroffen nur von Kopenhagen!

Unmittelbar nach dem ersten Weltkrieg wurde die südfünische Segelschiff-Flotte endgültig von Dampf- und Motorschiffen ersetzt. Segelschiffahrt gibt es heute in Troense und Svendborg aber immer noch - in

Seglerparade in Svendborg

kleinerem Maßstab. Auf der kleinen Insel Frederiksøn liegt noch heute einer der Großbetriebe der Stadt, die *»Svendborg Skibsværft«*. Ihr nächster Nachbar ist Ring Andersens berühmte Holzschiffwerft. Die beiden renommierten Werften reparieren die zahlreichen Holzsegler, die in Dänemark noch im Einsatz sind, und führen auch Neubauten durch.

Fossilien, Vögel, heiße Öfen

Das »kleine Kopenhagen« wird Svendborg nicht nur wegen seines Hafens und seiner wirtschaftlichen Bedeutung genannt, sondern auch wegen des großen Kulturangebots. Drei Museen gibt es in der Stadt am Sund: das »Zoologische Museum« präsentiert unter anderem die größte dänische Vogelsammlung. Von Fossilienfunden bis zu Vögeln, Insekten und Säugetieren, die in naturgetreuer Umgebung leben, präsentiert das Zoo-Museum einen guten Überblick über die Tierwelt von der Eiszeit bis heute. Im Walhaus können Sie das Skelett eines großen Seiwals bestaunen, der 1955 nahe Svendborg strandete.

Der größte Teil des »Museums für Svendborg und Umgebung« ist im Grubbemøllevej im ehemaligen Armen- und Arbeitshaus untergebracht. Hier finden Sie eine Sammlung zur Vor- und Frühgeschichte Fünens.

Besonders interessant sind die Funde aus Dänemarks ältestem Handelsplatz Lundborg sowie aus dem Franziskanerkloster und der Burg *Ørkild*. Im Erdgeschoß des Armenhaus-Museums sind die Räume und die Werkstätten der Buchdrucker, Drechsler und Mattenweber unverändert geblieben.

In dem ehemaligen Verwaltungsgebäude in der Vestergade 45 befindet sich Svendborgs »Ofenmuseum« der bedeutenden Gießerei L. Lange & Co. Unter den Öfen, Kochherden und Kaminen aus den Jahren 1850-1984 finden Sie auch Stücke nach den Entwürfen des Bildhauers E. Eriksen, der die »Kleine Meerjungfrau« in Kopenhagen schuf.

- *Zoologiske Museum:* Dronningemaen 30, geöffnet vom 1.4. bis 30.9. und in den Herbstferien täglich von 9 bis 17 Uhr, vom 1.10. bis 31.3. Montags bis freitags von 9 bis 16 Uhr, am Wochenende von 10 bis 16 Uhr. Tel. 6221 0650
- *Svendborg og Omengs Museum:* Grubbemøllevej 13, Januar und Februar außer am Wochenende und März bis April täglich von 13 bis 16 Uhr geöffnet. Mai und Juni bereits ab 10 Uhr, Juli bis zum 25. November bis 17 Uhr. Tel. 6221 0261
- *L. Lange & Co.'s Ovnmuseum:* Vestergade 45, vom 15.6. bis zum 31.8. täglich von 10 bis 17 Uhr geöffnet. Wenn nicht geöffnet ist, wenden Sie sich bitte an das Büro. Tel. 6221 0261

Die *Nikolaj*-Kirche wurde in der ersten Hälfte des 13. Jahrhunderts gebaut und ist damit die älteste der Stadt. Sie hat deutliche Ähnlichkeiten mit den Kirchen norddeutscher Städte wie Lübeck, Eutin oder Mölln - ein deutlicher Hinweis auf die engen Handelsbeziehungen zwischen Fünen und Norddeutschland, durch die es auch zu einem regen Kulturaustausch kam. Beachten Sie die fünf Löcher über dem Südfenster des Chores, die man auch in der benachbarten Frauenkirche findet. Normalerweise werden diese eingemauerten Tontöpfe als Schalltöpfe bezeichnet. Sie sollen - ähnlich wie die Bronzevasen in römischen Freilichttheatern - als Schallverstärker dienen. Moderne Wissenschaftler wollen jedoch festgestellt haben, daß diese Töpfe eher eine nachteilige Wirkung auf die Raumakustik haben!

i Touristbureau: Møllergade 20, 5700 Svendborg, Tel. 6221 0980
Vandrerhjem: Vestergade 45, Tel. 6221 6699
Camping: Sundbrovej 19, Tel. 6222 5384

Brechts Exil - Ein goldener Käfig

Westlich der Stadt, am *Skobovstrand*, befindet sich nur wenige Meter vom Meer entfernt das Bertolt-Brecht-Haus. In dem idyllisch unter Bäumen gelegenen Haus hat der deutsche Dichter sechs Jahre seines Exils (1933-1939) verbracht, bevor er nach Schweden, Finnland und via Moskau in die Vereinigten Staaten flüchtete. Es steht immer noch nicht fest, ob hier ein Brecht-Museum errichtet werden soll. Zur Zeit erinnert nur eine Gedenktafel an das Exil des Dichters.

Die Zeit auf Fünen gehört zu seinen produktivsten Schaffensperioden. Hier schrieb Brecht die Stücke »Mutter Courage«, »Der gute Mensch von Sezuan« und »Furcht und Elend des Dritten Reichs«. Auch die »Svendborger Gedichte« entstanden hier. Es ist der dritte und letzte Auswahlband der Gedichte, den Brecht noch selbst zusammengestellt hat. Ein friedliches, ein paradiesisch schönes Heim hatte Berthold Brecht in seinem Svendborger Exil. Doch er fühlte sich als Gefangener im goldenen Käfig, blieb immer bewußt auf Distanz zu seiner Zufluchtsstätte. »Vertriebene sind wir, Verbannte. Und kein Heim, ein Exil soll das Land sein, das uns da aufnahm«, schreibt Brecht in seinem Gedicht »Über die Bezeichnung Emigranten«. Unruhig warte er, möglichst nahe den Grenzen, nichts vergessend, nichts aufgebend: »Ach die Stille der Sunde täuscht uns nicht! Wir hören die Schreie aus ihren Lagern bis hierher.«

Keine Sekunde länger als notwendig wollte der deutsche Dichter in dem schönen Land bleiben, das er unter diesen Bedingungen nicht lieben konnte. So schrieb er in den »Gedanken über die Dauer eines Exils«:

Schlage keinen Nagel in die Wand
Wirf den Rock auf den Stuhl.
Warum vorsorgen für vier Tage?
Du kehrst morgen zurück.

Laß den kleinen Baum ohne Wasser.
Wozu noch einen Baum pflanzen?
Bevor er so hoch wie eine Stufe ist
Gehst du froh weg von hier.

Zieh die Mütze ins Gesicht, wenn die Leute vorbeigehn!
Wozu in einer fremden Grammatik blättern?
Die Nachricht die dich heimruft
Ist in bekannter Sprache geschrieben.

So wie der Kalk vom Gebälk blättert
(Tue nichts dagegen!)
Wird der Zaun der Gewalt zermorschen
Der an der Grenze aufgerichtet ist
Gegen die Gerechtigkeit.

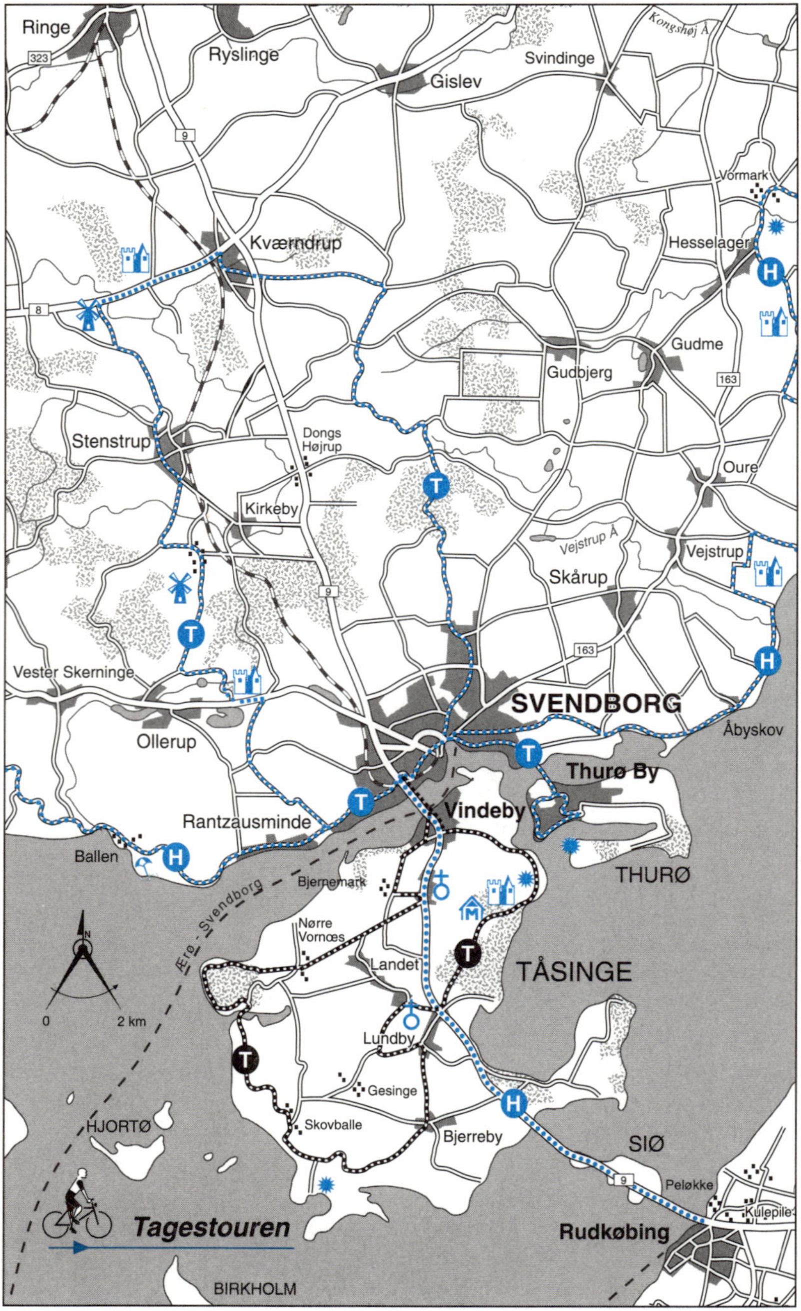

Ringe
323
Ryslinge
Gislev
Svindinge
Kongshøj Å
9
Vormark
Hesselager
Kværndrup
8
Gudme
Gudbjerg
163
Stenstrup
Dongs
Højrup
Oure
Kirkeby
Vejstrup Å
Vejstrup
Skårup
9
163
Vester Skerninge
SVENDBORG
Åbyskov
Ollerup
Thurø By
Vindeby
Rantzausminde
Ballen
THURØ
Bjernemark
Ærø - Svendborg
Nørre
Vornæs
Landet
TÅSINGE
0
2 km
Lundby
Gesinge
HJORTØ
Skovballe
Bjerreby
SIØ
9
Peløkke
Kulepile
Tagestouren
Rudkøbing
BIRKHOLM

Ausflug auf Thurø

Der Schnullerbaum auf der Insel Thurø (12 Kilometer)

Der geheimnisvolle Schnullerbaum auf der Insel Thurø eignet sich gut als Ziel für einen kleinen Nachmittagsausflug. Von der Jugendherberge fahren Sie entlang der Route 50 bis zur Werft (weißer Silo mit FAS-Aufschrift). Von dort führt ein unbefestigter Radweg vier Kilometer nach Osten durch den Wald *Halling Skov*. An der alten Schmiede biegen Sie rechts in den Hestehavevej und fahren geradeaus über den Damm nach Thurø. An der Kreuzung fahren Sie rechts in Richtung Blaby und gleich die nächste links. In der Siedlung Blaby lassen Sie das Rad stehen und gehen etwa zwei Kilometer zu Fuß am Ufer entlang - ein lohnenswerter Spaziergang, der Sie vorbeiführt an kleinen Werften und Reparaturbetrieben für Yachten und Fischerboote. Sie haben auch eine schöne Aussicht auf Schloß Valdemar auf der gegenüberliegenden Insel Tåsinge. Nach einigen Minuten erreichen Sie den großen Segelclub »Thurø«. Auf dem Gelände steht neben einer alten Ankerwinde ein etwa drei Meter hoher Baum, an dem unzählige bunte Lutscher wie Kugeln an einem Weihnachtsbaum hängen.

Niemand weiß genau, wer, wann, warum auf die Idee kam, einen Schnuller an den unscheinbaren Baum zu hängen. Es muß aber schon mindestens 20 Jahre her sein - einige der Schnuller am Baum sind jedenfalls schon eingewachsen. Die Idee fand viele Nachahmer. Es entwickelte sich die Tradition, mit seinem Kind, das sich das Schnullern abgewöhnen soll, zu dem Baum zu fahren. Dort binden die Eltern den liebgewonnenen Schnuller an einen Ast. »Du brauchst jetzt keinen Schnuller mehr«, sagt die Mutter zu ihrem Kind, »er gehört jetzt dem Schnullerbaum.« Und auf der Rückfahrt hoffen die Eltern inständig, daß das Kind daran glaubt! Auf Fünen erzählt man gerne die Geschichte von einer deutschen Familie, die mit ihrer Yacht in Thurø vor Anker lag und das zerkaute Nuckel-Gummi ihres Sohnes am Schnullerbaum festband. Auf der Rückfahrt nach Fåborg weinte das arme Kind pausenlos. Also setzte sich der Vater am Hafen von Fåborg kurzerhand in ein Taxi und fuhr die ganze Strecke zurück, um den Schnuller wiederzuholen!

Zurück können Sie denselben Weg nehmen, oder Sie gehen durch die Siedlung. Wenn Sie noch etwas von der Insel sehen wollen, fahren Sie noch einmal in den Bergmannsvej. Dort gibt es einige gemütliche Einkehrmöglichkeiten, wo sich abends die Segler treffen. Haben Sie sich genügend umgesehen, fahren Sie über den Damm zurück und folgen den Schildern nach Svendborg.

Tagestour Tåsinge

Svendborg - Vindeby - Bregninge - Vornæs Skov - Skovballe - Bjerreby - Landet - Valdemars Slot - Troense - Svendborg (40 Kilometer)

Die Insel Tåsinge, die Sie auf dem Weg nach Langeland bereits durchradelt haben, ist einen ausgedehnten Tagesausflug wert. Sollten Sie in Svendborg in der - wirklich empfehlenswerten - Jugendherberge wohnen, biegen Sie an der großen Kreuzung links in Richtung Troense/Vindeby und gleich wieder rechts ab. Sie stoßen auf den zweispurigen Radweg, der parallel zur Hauptstraße in Richtung Rudkøbing verläuft. In Vindeby nehmen Sie die erste Straße rechts und fahren nach Bjernemark. Rechts halten dichte Schutzhecken den Wind ab, links sehen Sie schon den Kirchturm von Bregninge - Ihr nächstes Ziel. Vom Turm besteht eine großartige Aussicht. Es wird behauptet, man könne bei klarem Wetter mehr als 60 andere Kirchen sehen.

Direkt gegenüber der Kirche ist im alten Schifferhaus ein kulturhistorisches Museum eingerichtet. Neben der volkskundlichen Sammlung finden Sie hier Erinnerungsstücke an das Liebesdrama zwischen Elvira Madigan und Sixten Sparre, die auf dem Friedhof von Landet begraben sind.

- *Skipperhjem & Folkemindesamling:* Kirkebakken 1, ganzjährig geöffnet, wochentags von 10 bis 15.30 Uhr, am Wochenende und an Feiertagen von 10 bis 17 Uhr. Tel. 6222 7144

In Bregninge biegen Sie rechts ab in Richtung Flugplatz und fahren immer geradeaus. Nach zweieinhalb Kilometern fahren Sie an der Wegegabelung rechts zum Wald von *Vornæs.* Schnuppern Sie mal: ein leichter Knoblauchgeruch weht durch den lichten Buchenwald. Jedoch versteckt sich kein italienisches Restaurant im Wald, es ist die Bärlauchpflanze, die hier in großen Mengen wächst! Sie umrunden die Landzunge mit einer schönen Aussicht auf die südfünischen Inseln, biegen an der nächsten Kreuzung rechts ab und fahren über den Damm durch Skovballe ans Wasser. Hier ist eine schöne Bademöglichkeit. Kurz vor der Kreuzung nach Søby führt rechts ein Weg zur Vogelkolonie Monnet.

Das Naturschutzgebiet *Monnet* heißt übersetzt »Mond« und erhielt diesen Namen aufgrund seiner Sichelform. Es ist eine wichtige Brutstätte für zahlreiche Wasservögel. Auch außerhalb der Brutzeit sieht man hier Scharen von Schwänen, Gänsen, Enten und Stelzvögeln. Das Gebiet wird im Winter oft überflutet und ist deshalb für die Landwirtschaft ungeeignet. So findet man hier einen einzigartigen Pflanzenbewuchs: seltene Arten mischen sich mit den typischen Pflanzen einer Strandwiese. Im Spätsommer ist die ganze Gegend ein violetter Teppich aus dichtstehenden, blühenden Strandnelken.

Weiter folgen Sie dem Weg nach Vårø. Dort geht im Ort links eine schmale Straße ab nach Bjerreby - der größten Ortschaft auf Tåsinge. Sie radeln durch den Ort nach Lundby und biegen gleich am Ortseingang links ab nach Melby. In der schmucken Siedlung aus dem 15. Jahrhundert fahren Sie rechts nach Landet. Der Ort hat sich um die Kirche herum entwickelt, die eigentlich zu Lundby gehört. Sie stammt aus dem Jahr 1634 und ist damit die älteste Kirche der Insel.

Das Liebesdrama von Tåsinge

Unter der alten Eiche auf dem Friedhof stehen dicht nebeneinander zwei Grabsteine. Sie erinnern an die romantische Liebesaffäre der dänischen Seiltänzerin Elvira Madigan mit dem schwedischen Dragonerleutnant Sixten Sparre, deren Dramatik im Jahre 1889 ganz Nordeuropa erschütterte. Elvira Madigan wurde 1867 geboren und hieß mit bürgerlichem Namen Hedvig Jensen. Die Tochter einer norwegischen Zirkusreiterin war der Star des Kopenhagener *Tivolis* und wurde bei ihren Tourneen in ganz Europa gefeiert. Im Sommer 1886 war der dänische König Christian IX. so beeindruckt von ihren Seiltanzkünsten, daß er ihr das dänische Goldkreuz verlieh. Die schöne junge Frau war aber keine fröhliche Zirkusprinzessin. Ihre Mutter hatte sie streng erzogen und sperrte sie nach jeder Vorstellung in ihrem Zirkuswagen ein. Kein Mann durfte sich mit Elvira treffen, die von der Presse aufgrund ihrer angeblichen Kühle bald »Eisblume des Nordens« genannt wurde.

Auf einer Tournee in Schweden lernte sie den 33 Jahre alten Leutnant Sixten Sparre kennen. Der Adjudant verliebte sich in die Seiltänzerin, traf sich heimlich mit ihr, schickte Rosen und Briefe. Als Elvira feststellte, daß er verheiratet und Vater zweier Kinder war, brach sie das Verhältnis ab. Doch Sixten drohte, sich zu erschießen, wenn er sie nicht mehr treffen könne. Als seine Ehefrau von dem Verhältnis erfuhr, verlangte sie die Scheidung. Sixten wollte die Scheidung nicht, aber konnte das Zirkusmädchen nicht vergessen. Daraufhin verließ die verschmähte Comtesse ihn mit ihren Kindern.

Sixten Sparre geriet in Panik: »Laß uns irgendwo hinfliehen, wo wir unser Glück finden können«, schrieb er Elvira. Am 22. Juni 1889 flohen sie nach Svendborg. Als in den Zeitungen Schwedens und Dänemarks nach ihnen gefahndet wurde, flohen sie weiter auf die Insel Tåsinge, wo sie im Fischerdorf Tronse in einer Sommerpension wohnten. Beide hatten kein Geld mehr, und Elvira war schwanger. Das Paar schrieb verzweifelt nach Hause, um Verständnis bittend. Doch sie waren ausgestoßen, alle Brücken abgebrochen. Die Liebenden trafen einen furchtbaren Entschluß. Sie wollten so nicht weiterleben - sich nicht trennen und nicht entehrt nach Hause fahren. Dann lieber sterben!
Sie ließen sich von ihrer Wirtin einen Picknickkorb packen und sagten, sie wollten einen Ausflug in den *Nørreskov* machen. Tief im Wald, entfernt vom Lärm der Welt, setzten sie sich auf eine Lichtung und verzehrten ihr Mitgebrachtes. Elvira legte ihr Korsett ab, und Sixten spannte den weißen Sonnenschirm auf, um seine Geliebte vor der brennenden Sonne zu schützen. Ein letztes Mal liebten sich die beiden verzweifelten Menschen. »Schließlich holte er seine Waffe hervor«, schreibt Poul Erik Møller,[1] der die Geschichte in einem Buch rekonstruierte. »Dann legte er sich zu ihrer Rechten. Elvira faltete die Hände und sah ihn unentwegt an, während er langsam die Pistole hob. Er setzte die Waffe an ihr Ohr, und der Schuß krachte. Dann hob er seine Waffe aufs Neue, hielt sie mit beiden Händen am Knauf, setzte die Mündung in den Mund und drückte ab. Er sank ins Gras, tödlich getroffen.«
Vier Tage später wurde das Paar von einer Himbeerpflückerin gefunden. Sixten Sparres Ehefrau gestattete, daß er mit seiner Geliebten in einem Grab beerdigt werden durfte - unter der Bedingung, daß eine Trennwand zwischen den beiden Särgen errichtet wurde! Man wollte verhindern, daß die Selbstmörder in geweihter Erde begraben wurden. Der Pastor widersetzte sich und erhielt vom Bischof einen scharfen Verweis, weil er eine bewegte und vergebende Predigt gehalten hatte. Elviras Grab trägt einen weißen Stein, Sixtens einen schwarzen. Damit wollte seine Familie seine Tat verurteilen. Noch heute, über hundert Jahre nach dem schrecklichen Ereignis, bringen die Frauen vor ihrer Hochzeit Blumen an das Grab und sprechen ein Gebet für Elvira Madigan und ihren Geliebten.

1 Poul Erik Møller: Elvira Madigan, Christian Erichsens Forlag, Kopenhagen

Auf dem Elvira Madigans Vej fahren Sie rechts und gleich wieder links in Richtung *Valdemars Slot.* Leider ist die Straße durch den *Nørreskov* oft sehr stark befahren. Einen Kilometer vor dem Schloßpark bremsen Sie noch einmal für einen Besuch der 700 Jahre alten »Ambrosiuseiche«. Sie ist einer der ältesten und mit über 20 Meter Höhe auch einer der größten Bäume Dänemarks. Der Name des beeindruckenden Gewächses stammt von Ambrosius Stub (1748-50). Der Schriftsteller und Hauspoet auf Schloß Valdemar liebte es, unter dieser Eiche zu sitzen und zu lesen.

Valdemars Schloß

Valdemars Slot ist nicht das erste Schloß auf der Landspitze *Tronøret.* Eineinhalb Kilometer entfernt lag die, 1295 erstmals erwähnte Burg *Kærstrup.* 1630 wurde die Mauer geschleift und ein großer Teil des Baumaterials zum Bau der neuen Anlage wiederverwendet, die König Christian IV. 1639 für seinen Lieblingssohn Valdemar bauen ließ. Es wurde ein Prachtschloß, das dem Renaissance-Palast *Rosenborg* in Kopenhagen sehr ähnlich sah.

Nach dem Tod Christians IV. wurde Valdemar von den Feinden seines Halbbruders Frederik III. zum Thronfolger vorgeschlagen. Als Frede-

Valdemars Slot auf Tåsinge

rik König wurde, versuchte Valdemar erfolglos, in Deutschland Geld für ein Heer zu beschaffen, um ihn zu stürzen. Nie ließ er sich auf dem vornehmen Schloß auf Tåsinge nieder. Der exaltierte Königssohn, der seinem schwierigen Vater sehr ähnlich war, zog lieber als Feldherr umher und starb schließlich in schwedischen Diensten, erst 34 Jahre alt, auf einem Schlachtfeld in Polen. Eine Zeitlang bewohnte seine lebenslustige Schwester Hedwig Munck das Schloß, die es schaffte, das Gut gründlich zu ruinieren. Während der Schwedenkriege Mitte des 17. Jahrhunderts wurde das Schloß von schwedischen Truppen besetzt und derart schwer beschädigt, daß man es zum Abriß freigab.

Doch der dänische Seeheld Niels Juel rettete es vor der völligen Zerstörung. 1677 hatte er in der berühmten Seeschlacht in der *Køge*-Bucht die Schweden besiegt und so viele Schiffe versenkt, daß er vom König Anspruch auf ein enormes Prisengeld hatte. Christian V. konnte die Summe nicht in bar auszahlen und bot stattdessen dem Admiral den Landbesitz von *Valdemars Slot* an. Die Quittungen über das stattliche Prisengeld sind heute in einer Vitrine im Schloß zu sehen.

Niels Juel restaurierte das Schloß nicht im ursprünglichen Renaissance-Stil, sondern baute es im damals modernen Barock-Stil um. Als er 1696 starb, hinterließ er keine Erben. Sein Bruder Carl, der den Betrieb schon einige Jahre geleitet hatte, führte die Ahnenreihe weiter. Dessen Sohn setzte die Traditionen seines charismatischen Onkels fort. Wie der General Ahlefeldt auf Schloß *Tranæker* baute Oberst Juel auf Tåsinge Schulen und Krankenhäuer und führte im Schloßtheater Stücke und Konzerte für die Öffentlichkeit auf. Noch im vergangenen Jahrhundert gehörte die ganze Insel Tåsinge zum Gutsbesitz von Valdemars Schloß.

Seit 1973 ist das Schloß als Museum zugänglich. Die Schilder, die an der Fassade auf den Weinkeller und das Restaurant des Schlosses aufmerksam machen, verderben ein wenig die ohnehin nicht besonders abwechslungsreiche Fassade des herrschaftlichen Gebäudes. Vielmehr ist es der Gesamteindruck der weitläufigen Anlage, der die Attraktivität von *Valdemars Slot* als Ausflugsziel ausmacht. Einzigartig und wirklich sehenswert sind die Innenräume des Schlosses. »Die Besucher sollen den Eindruck erhalten, als ob sie in ein belebtes Schloß treten und die Familie gerade eben die Räume verlassen hat«, so die Museumsleitung. Es gibt kaum Vitrinen und wenige Schilder. Und es werden die großen Räume mit dem außergewöhnlichen Ambiente noch genutzt: für Kongresse und Bankette. Einzelne Räume können auch von Privatpersonen gemietet werden.

Fåborg

Fischer im Hafen von Bagenkøp

Landschaft auf Ærø

Ærøskøbing

Svendborg - Anna und Elise?

So kommt man auch auf kleinen Rädern weit herum ...

Schloß Egeskov

Egeskov - Mølle

- *Valdemars Slot:* Slotsalleen 100, geöffnet vom 1. Mai bis zum 30. September täglich von 10 bis 17 Uhr, ab Ostern auch an den Wochenenden und an Feiertagen. Tel. 6222 6106

Troense

In der alten Seefahrerstadt Troense ankerten früher die Windjammer der dänischen Handelsflotte, und noch immer weht ein maritimer Hauch durch die Gassen. Die langgestreckten Gärten vor den Häusern in Troense weisen darauf hin, daß der Ort im 18. Jahrhundert ursprünglich als Obstbauernkolonie angelegt wurde. Zusammen mit Ærøskøbing wird Troense als schönster Ort des südfünischen Inselmeers bezeichnet. Tatsache ist, daß er sicher besonders liebevoll restauriert und erhalten wird. Der Strandvej führt direkt am Meer entlang und bietet eine herrliche Aussicht auf Thurø. Besonders schön ist die Grønnegade mit ihren bunten Fachwerkhäusern. Dort finden Sie in der alten Dorfschule auch ein interessantes Seefahrtsmuseum.

Die Seefahrtssammlung von Troense

Das Seefahrtsmuseum wurde 1956 von dem Marinehistoriker Frode Holm-Petersen gegründet. Nach dem Verkauf an das Svendborger Museum im Jahre 1982 wurde das alte Schulgebäude aus dem Jahr 1830 von Grund auf renoviert. Seitdem wird die Ausstellung mit weiteren Forschungen und Neuerwerbungen laufend ergänzt. »Zusammen mit wechselnden Sonderausstellungen soll dies die Seefahrtssammlung zu einem Ort machen, an dem man immer wieder Neues entdecken kann«, so die Museumsleitung. Die umfangreiche Ausstellung dokumentiert umfassend die Geschichte und Kultur der Segelschiffahrt vom Mittelalter bis heute. Über 100 Segelschiffmodelle und einige schöne Flaschenschiffe, Porzellan und Fayencen sind hier ausgestellt.

- *Seefahrtsmuseum:* Strandgade 1, von Mai bis Oktober täglich geöffnet von 9 bis 17 Uhr, im März, April und November, Dezember wochentags von 9 bis 17 Uhr, samstags von 9 bis 12 Uhr. Tel. 6221 0261

Wenn Sie sich genügend in Troense umgesehen haben, fahren Sie auf der Route 8 durch Vindeby über die *Sund*-Brücke zurück nach Svendborg. Vielleicht haben Sie Glück und können von der Brücke aus noch eine Segelregatta verfolgen oder eines der vielen Holzschiffe unter Segeln erleben, die hier im *Sund* noch so zahlreich anzutreffen sind.

Tagestour zum Schloß Egeskov

Svendborg - Rantzausminde - Hvidkilde - Stenstrup - Schloß Egeskov - Kværndrup - Brændeskov - Svendborg (45 Kilometer)

Weg vom maritimen Flair der Küste Südfünens, hinein ins Landesinnere zum schönsten Schloß Fünens führt Sie diese Tagestour. Im Zickzackkurs weisen Sie die Schilder der Route 55 aus der Stadt. In Rantzausminde biegen Sie rechts ab nach Skovsbo. Drei Kilometer weiter erreichen Sie *Hvidkilde*, einen Herrenhof aus dem 14. Jahrhundert. Zu der Anlage gehört ein 68 Hektar großer Stausee, der Nistplatz einer großen Kolonie Haubentaucher ist. Vielleicht sehen Sie auch Graureiher oder Kormorane, die manchmal vom *Brændegård Sø* bei Fåborg rüberkommen, wenn sie zur Abwechslung Lust auf einen leckeren Süßwasserfisch haben. Von der *Rønninge*-Mühle am östlichen Ende des Sees führt ein Wanderweg am Seeufer entlang. Dort können Sie noch immer die alte Wassermühle sehen, die in früheren Zeiten zusammen mit der *Rønninge Mølle* betrieben wurde. Das Korn transportierte man in Booten, die mit ihrer Ladung unter das Gebäude fahren konnten.

Schloß Egeskov

Vorbei am Hof *Nielstrup* aus dem Jahr 1820 geht es weiter auf der Route 55 zur *Egebjerg*-Mühle. Die Mühle wird gerade restauriert und soll später eine Ausstellung beherbergen. Durch Egebjerg und Rødme fahren Sie weiter nach Stenstrup. Von hier aus fahren Sie dreieinhalb Kilometer auf der breiten Landstraße nach Norden, die nur mäßig befahren ist. Dann biegen Sie auf der Route 55 nach rechts ab und erreichen die *Egeskov Mølle* - für mich die schönste Mühle Fünens. Sie stammt aus dem Jahr 1855 und ist bekannt als die »Zehn-Kronen-Mühle«, da sie von 1952-1975 das Motiv auf dem dänischen Zehn-Kronen-Schein bildete. In der Mühle befindet sich eine historische Ausstellung über das Dorf Egeskov und die Mühle.

- *Egeskov Mølle:* Grønnebjergvej 1, vom 1.5. bis 30.9 tägl. von 10 bis 17 Uhr geöffnet oder nach telefonischer Absprache. Tel. 6221 0261

Hinter der Mühle fahren Sie rechts ein kurzes Stück auf der Hauptstraße nach Kværndrup. Links sehen Sie schon die Zinnen des Schlosses *Egeskov*, das Sie einen Kilometer später erreichen.

Das schönste Renaissance-Wasserschloß Europas

Dänemark im Jahre 1536: Wie ein gewaltiges Gewitter rast ein Bürgerkrieg über das Land. Er hinterläßt eine Schneise der Verwüstung: geplünderte Kirchen und Klöster, niedergebrannte Burgen und Schlösser und ungezählte Tote. Landsknechte und Ritter des Königs kämpfen den Aufstand blutig nieder. Doch der eigentliche Verlierer ist die katholische Bischofskirche, die ihre kostbaren Güter an die Gewinner abgeben muß - den dänischen König und seine adeligen Landlords. Der Adel ist gewarnt. Er führt nicht nur zahlreiche Reformen für die Landbevölkerung durch, sondern baut sich neue Schlösser und befestigte Herrenhöfe. Im Inneren mit großem Luxus, nach außen ehrfurchtgebietend. Und stark genug, um einem neuen Ansturm gewachsen zu sein. Schloß *Egeskov* ist ein Paradebeispiel dafür. Es wurde 1554 erbaut und hat sein Aussehen in den Jahrhunderten kaum verändert. Nur die beiden Türme wurden 1880 erhöht, und ein Portalgebäude wurde errichtet.

Egeskov gilt als das besterhaltene Renaissance-Wasserschloß der Welt. »So viele Fenster wie Tage im Jahr, so viele Türen wie Wochen, so viele Schornsteine wie Monate, so viele Ecken wie Jahreszeiten«, notierte Hans Christian Andersen im Sommer 1842 in seinem Tagebuch. Der weltberühmte dänische Märchendichter hatte Pech, denn bei seinem einzigen Besuch auf Egeskov waren die Herrschaften verreist. Ich habe mehr Glück. Der Schloßherr, Michael von Ahlefeldt-Laurvig-Bille, ist zu Hause und bereit, mich durch die Anlage zu begleiten.

Obwohl es in Dänemark 50 Königsschlösser, über 400 Herrenhäuser und eine Reihe stattlicher Adelssitze gibt, sind nur wenige wie Schloß *Egeskov* öffentlich zugänglich. Einige Schloßherren sahen sich in den vergangenen Jahren zu diesem Schritt gezwungen. Die Landwirtschaft warf nicht mehr genug Geld ab, und der Staat stellt privaten Schloßherren kaum Geld für den Erhalt der Kulturgüter zur Verfügung. Vor zehn Jahren entfernte die Familie Ahlefeldt die Schilder *adgang forbudt* (»Zutritt verboten«) und richtete am Schloßtor eine Kasse ein, um das nötige Geld zur Pflege des Gartens und für den Erhalt des Schlosses aufzutreiben.

Heute strömen Touristen durch die Tore des Schlosses. 220.000 sind es Jahr für Jahr. Sie wollen durch die Parks und Gärten schlendern, sich im Labyrinth verlaufen, die große Oldtimerausstellung bestaunen und die prachtvollen Gemächer und Säle von Schloß »Eichenwald« besichtigen. »1500 Eichenpfähle bilden das Fundament des Schlosses«, erklärt der Graf von Egeskov. »Das Wasser hat sie hart wie Stein gemacht.« Dennoch wird befürchtet, das Schloß könne eines Tages im See versinken. Unter dem Dach auf einem alten Kissen liegt »Nisse« - ein geheimnisvolles Holzmännchen. »Niemand weiß, wer ihn dort hingelegt hat«, sagt Michael Ahlefeldt. »Wird er bewegt, versinkt *Egeskov* an einem Weihnachtstag im Wasser.« Er läßt seinen Blick über den Schloßsee wandern. »Daran glaube ich zwar nicht«, sagt der Graf und fügt mit einem Schmunzeln hinzu, »aber ich würde ihn trotzdem niemals bewegen.« Und als Handwerker vor einigen Jahren das Dach des Schlosses reparierten, bauten sie für Nisse einen kleinen Unterstand als Schutz vor Wind und Wetter ...

Schloß *Egeskov* gibt es übrigens zweimal: »Eines Tages kam ein Brief aus Japan, in dem man mich fragte, ob man das Schloß dort nachbauen dürfe«, berichtet Michael von Ahlefeldt. »Ich war interessiert und fragte an, ob sie Baupläne benötigten. Prompt faxten sie mir die kompletten Baupläne zu. Als Touristen getarnte Japaner hatten das Schloß mit Spezialkameras fotografiert!« Der acht Meter längere Nachbau steht jetzt auf der japanischen Insel Hokkaido im »Marine Park«. »Meine Frau hat sich das Schloß angesehen«, sagt der Graf. »Sie fand es ganz nett. Aber nicht mit unserem *Egeskov* zu vergleichen.« In den Innenräumen seien Aquarien eingerichtet. »Und mein Arbeitszimmer ist ein großes Haifischbecken!«

Das Fahrradmuseum auf Schloß Egeskov

- *Egeskov Slot*, Park, Labyrint og Veteranmuseum: 5772 Kværndrup, geöffnet vom 29.4 bis 31.5. und 1.9 bis 30.9. täglich von 10 bis 17 Uhr. Vom 1.6. bis 31.8. täglich von 9 bis 18 Uhr. Im Sommer finden zahlreiche Konzerte statt. Informationen erhalten Sie unter der Telefonnummer 6227 202

Zwei Kilometer weiter erreichen Sie den Ort Kværndrup. Knapp 28 Kilometer haben Sie jetzt in den Beinen und nun drei Möglichkeiten für den Rückweg nach Svendborg: Sie können am Ortseingang links zur 50 Meter entfernten Bahnstation fahren. Bis Mitternacht fahren stündlich Züge nach Odense und Svendborg. Preis mit Fahrrad: 25 Kronen. Sie können auch auf der Hauptstraße zwölf Kilometer radeln. Es gibt leider keinen Radweg, und die Straße ist stark befahren. Ich empfehle Ihnen die dritte Möglichkeit, die etwa fünf Kilometer längere Tour über Nebenstrecken:

In Kværndrup biegen Sie rechts in den Svendborgvej ein und fahren bis zur Kirche. Dort folgen Sie nach links dem Schild, das auf einen Radweg nach Lundeborg hinweist. Sie fahren durch eine Unterführung unter der Bundesstraße 9 und stoßen auf die Landstraße nach Gudbjerg, der Sie 3,7 Kilometer bis zur ersten Kreuzung folgen. Dem Schild »Bøl-

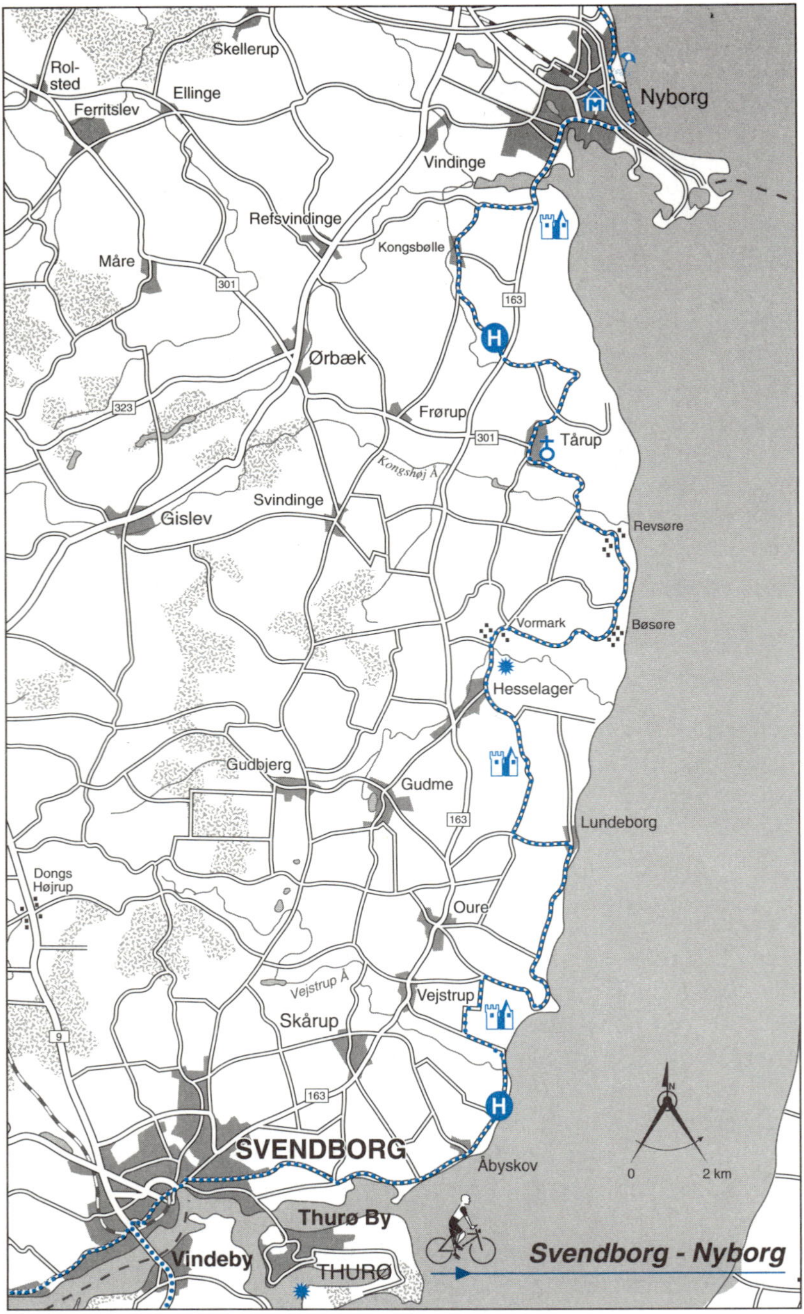
Rol-
sted
Skellerup
Ellinge
Ferritslev
Nyborg
Vindinge
Refsvindinge
Kongsbølle
Måre
301
163
Ørbæk
323
Frørup
301
Tårup
Kongshøj Å
Svindinge
Gislev
Revsøre
Vormark
Bøsøre
Hesselager
Gudbjerg
Gudme
163
Lundeborg
Dongs
Højrup
Oure
Vejstrup Å
Vejstrup
Skårup
9
163
SVENDBORG
Åbyskov
0
2 km
Thurø By
Vindeby
THURØ
Svendborg - Nyborg

lemose 2« folgen Sie nach rechts und fahren von dort weiter über Brændeskov durch den gleichnamigen Wald und dann immer geradeaus zurück nach Svendborg.

Hauptroute Svendborg - Nyborg

Svendborg - Lundeborg - Hesselager - Tårup - Kogsbølle - Nyborg (54 Kilometer)

Sie verlassen Svendborg in westlicher Richtung. Orientieren Sie sich an dem großen Werftgebäude mit der Aufschrift »FAF«. Unmittelbar hinter einer Spedition weist das Routenschild 50 nach rechts, und Sie biegen in einen Kiesweg ab, der Sie bis zur »Alten Schmiede« führt. Es lohnt sich, anzuhalten und einen Blick durch die Fenster in die alte Werkstatt zu werfen. Leider war die Schmiede nicht geöffnet, als ich hier entlang fuhr. Vielleicht später einmal - wenn Sie hier entlangfahren?

Fahren Sie geradeaus weiter durch einen dunklen, dichten Buchenwald, dem *Hallig Skov*. Später wird das Gelände offener, und große Wiesen und Weiden wechseln ab mit Obstplantagen. Vielleicht machen Sie hier einen Abstecher nach rechts: dort liegt *Christiansminde,* ein Park mit einer alten Wassermühle, einem Badestrand (wenn es Sie jetzt schon ins Wasser zieht) und einer schönen Aussicht auf die Insel Thurø.

Bald biegt die Route nach rechts ab und führt durch mehrere Dörfer entlang der Küste. Zur Linken sehen Sie immer wieder große Obstplantagen, zur Rechten haben Sie eine schöne Aussicht über den Großen Belt und den *Skåruper Sund.* Um den Herrenhof *Tiselholt* macht der Radweg einen hochachtungsvollen Bogen und führt am Strand von *Elsehoved* wieder ans Wasser. Leider ist der Herrenhof für die Öffentlichkeit nicht zugänglich. *Elsehoved* mit seinen Nadelbäumen, dem Strand und dem schönen Ausblick auf Langeland ist ein Erholungsgebiet vieler Svendborger. Hier steigen Sie bestimmt aus dem Sattel und gönnen sich eine kleine Pause. Vielleicht sind Sie Ende Juni unterwegs und laben sich an herrlichen Johannisbeeren - denn links und rechts des Weges »wuchert« diese Kulturpflanze.

Weiter geht's in Richtung Lundeborg. Gegenüber dem rotgestrichenen Fachwerkhof *Knarreborg Mølle* sind die Reste einer alten Wassermühle zu sehen. Ein großer Campingplatz gehört zu der Anlage, und der rege Urlaubsbetrieb nimmt dem Ort leider viel von seiner Romantik. Kurz vor dem Ortseingang von Lundeborg und direkt am Ufer des Großen Belt steht die erst einhundert Jahre alte Dorfkirche. Sie war ursprünglich ein Bethaus für die Fischer und wurde erst später um einen kleinen Kirchturm erweitert. Eine Informationstafel weist auf ein uraltes romanisches Taufbecken hin, das Sie nach einigem Suchen außerhalb der Kirche finden.

Die Wiege Dänemarks

Den kleinen Fischerort Lundeborg machte der dänische Sänger Ove Bager durch seine »Lundeborg-Hymne« bekannt. In der Umgebung hat man in der letzten Zeit einige interessante archäologische Funde aus der Eisenzeit (400-800 n. Chr.) gemacht. Sie weisen darauf hin, daß das Gebiet früher ein sehr bedeutendes Kultur- und Handelszentrum war. Nicht ganz zu Unrecht behaupten die Lundeborger, hier hätte »die Wiege Dänemarks« gestanden. Später war die Gegend vor allem wegen ihrer Ziegelbrennereien bekannt. Sporttaucher haben Reste einer größeren Landungsbrücke nachgewiesen. Vermutlich hat das niedrige Wasser von einem Meter die Nutzungsmöglichkeiten der Brücke begrenzt. Nur kleine Kähne konnten mit Ziegeln beladen werden und fuhren dann hinaus zu den Segelschiffen, die vor der Küste ankerten.

Mitte des 19. Jahrhunderts wurde der Hafen zum Ladeplatz für das Gut *Broholm*. Am Hafen fällt sofort der riesige Speicher aus dem Jahr 1862 auf. Er ist schön restauriert und steht unter Denkmalschutz. Bei meinem Besuch herrscht hier ein reger Hafenbetrieb: in den kleinen Werften werden Fischerboote repariert, ein neues Boot getauft und zu Wasser gelassen, ein anderes über einen Kran an Land gehievt, und viele Sportboote sind an den Anlegern festgemacht. Haben Sie genug Hafenatmosphäre geschnuppert, folgen Sie weiter der Route 50, die beim *Lundeborg Kro* eineinhalb Kilometer ins Landesinnere und gleich noch einmal nach rechts abbiegt, um dann nach weiteren zwei Kilometern zum Herrenhof *Hesselagergård* zu führen.

Hesselagergård - ein Stück Norditalien auf Fünen

Hesselagergård ist ein ungewöhnlicher Herrenhof. Das Hauptgebäude aus dem Jahre 1538 sieht aus wie eine Mischung aus mittelalterlicher Wehranlage und italienischem Renaissance-Bau. Riesige rotgestrichene Nebengebäude umsäumen in weitem Abstand das Hauptgebäude mit seinen venezianischen Rundgiebeln. Neben dem Radweg finden Sie eine Informationstafel mit der Geschichte des Hofs. Von hier aus haben Sie den besten Blick auf die sonst leider nicht zugänglichen Anlagen.

Herrenhof Hesselagergård

Der Bauherr Johannes Friis zählt zu den bedeutendsten Persönlichkeiten der dänischen Renaissance. Von 1536 bis zu seinem Tod im Jahre 1570 war er Reichskanzler des Königs. 1520 brach der frischgebackene Magister zu einer Italienreise auf. Rom war zu dieser Zeit von der Regierung Papst Leos X. geprägt. Der Medici-Papst führte gerade eine Reihe aufwendiger Bauprojekte durch, die die unumschränkte Macht der katholischen Kirche symbolisieren sollten. Doch immer wieder kamen Gerüchte auf über den deutschen Augustinermönch Martin Luther, der sich hartnäckig gegen Kaiser Karl V. und die Kirche auflehnte. Die Reformation breitete sich bereits in Europa aus.

Die komplizierten venezianischen Rundgiebel waren in der Lagunenstadt vom späten 15. Jahrhundert an bekannt. In der ersten Hälfte des 16. Jahrhunderts wurden sie auch in Deutschland populär. Der Reformator Phillip Melanchthon ließ 1536 sein Haus in Wittenberg damit dekorieren. Ein Jahr zuvor war Friis auf dem Rückweg aus Italien nach Wittenberg gereist, um Luthers Lehre zu studieren. Beim Anblick der Bauarbeiten am Melanchthon-Haus reifte wahrscheinlich der Wunsch, sich etwas Ähnliches zu bauen.

Nach seiner Rückkehr erbte Friis das Gut *Hesselagergård.* Die umfangreichen Umbauten, die er durchführen ließ, wurden 1536 jäh unterbrochen, als wütende Bauern in der Grafenfehde den alten Hof abbrannten. Zwei Jahre später legte der Reichskanzler den Grundstein für den Neubau. Die gleichen Rundgiebel wie das Herrenhaus hat auch die über 800 Jahre alte Kirche des Ortes Hesselager, die als Patronatskirche an das Gut gebunden war. Die Kirche ist den ganzen Tag über geöffnet. An der Auffahrt zur Kirche steht das »kleine Hospital« - ein altes Wackersteingebäude mit Stufengiebeln, in dem die Bauern im Mittelalter ihr Zehntkorn abliefern mußten. Später wurde das Gebäude als Armenhaus genutzt, daher stammt auch der Name.

Weiter geht die Fahrt nach Vormark, wo die Route 50 wieder einige Haken schlägt und zum Wasser und wieder zurück ins Landesinnere führt. Sie fahren durch einige hübsche Dörfer, von denen Tårup das schönste ist. Zuerst vermuten Sie hinter den großen Bäumen nur ein kleines, verschlafenes Nest. Dann werden Sie von einer Perlenschnur strohgedeckter Fachwerkhäuser überrascht. In einem der Häuser (*Lukket*) können Sie eine interessante Kunstausstellung anschauen. Gleich hinter Tårup müssen Sie aufpassen: die Route 50 ist hier nicht richtig markiert. Fahren Sie gleich in die ausgeschilderte Richtung Nyborg, sonst irren Sie durch Ferienkolonien, Campingplätze und Rübenfelder!

Vor Kogsbølle fällt Ihnen bestimmt zur Rechten ein Hügel auf, der die imposante Höhe von 65 Metern hat. Stellen Sie das Rad ab, und erklimmen Sie den Berg: Sie werden mit einer herrlichen Aussicht über Ostfünen und den Großen Belt belohnt. Und zum ersten Mal sehen Sie auch das lange Brückenbauwerk, das bald Fünen mit Seeland verbinden wird. Hinter Kogsbølle biegen Sie rechts ab zum Schloß *Holckenhavn*.

Holckenhavn

Holckenhavn zählt zu den prächtigsten Adelsschlössern Dänemarks. Das Hauptgebäude wurde 1585 im zeitgemäßen Renaissance-Stil gebaut und ist von Wallgräben umgeben. Bauherr war Jacob Ulfeldt - wie Johannes Friis eine interessante Persönlichkeit des 16. Jahrhunderts. Ulfeldt studierte in Genf, Basel und Bologna und durchreiste ganz Italien. Auf Malta wurde er von den Ordensrittern »gekapert«, die ihn auf eine Militärexpedition gegen die Türken mitnahmen. Er überlebte und unternahm mit anderen Dänen eine Reise nach Palästina und Ägypten. Am spanischen Hof studierte er anschließend Diplomatie, bis er 1597 nach Dänemark zurückkehrte. Seine Erfahrungen brachten ihn bald in Spitzenpositionen des dänischen Staates. Schließlich wurde er Reichskanzler - wie sein Vorbild Johannes Friis.

Im Jahre 1616 beschloß Ulfeldt, sein Gut *Holckenhavn* zu verkaufen und kaufte den Herrenhof *Egeskov*. Sogar die Särge seiner Vorfahren ließ er bei seinem Umzug nach Kværndrup umbetten. Der neue Besitzer von *Holckenhavn* war die berühmte Gutsherrin Ellen Marsvin, die schon etliche große Güter auf Fünen besaß. Sie erweiterte in den 30er Jahren des 17. Jahrhunderts die Anlage um einen Westflügel, einen Torflügel und die Kapelle, die zu den am reichsten ausgeschmückten des Landes zählt. Der zwölf Hektar große Park mit großen Rasenflächen, Blumenbeeten und schattigen Baumgruppen ist öffentlich zugänglich, allerdings nur dienstags und samstags von 14 bis 18 Uhr. Direkt hinter dem Schloß hat sich der Große Belt fast zwei Kilometer in die Insel geschnitten. Sie überqueren den *Holckenhavn-Fjord* über eine Brücke, die nach Nyborg führt. Passen Sie auf, daß Sie nicht unter die Räder eines der vielen Campingmobile kommen, die sich durch dieses Nadelöhr fädeln! Auf der Brücke haben Sie einen schönen Blick auf Nyborg, dessen Stadtkern Sie nach einem Kilometer erreichen.

Nyborg und Kerteminde

Ein kühler Luftzug weht wie der Hauch längst vergangener Zeiten durch den Raum, als ich die schwere Holztür zum Danehofsaal öffne. Spärliches Licht dringt durch die Fenster in den karg möblierten Saal. Es ist der älteste Raum des Schlosses *Nyborg,* mit einer ungewöhnlichen Würfelornamentik an den Wänden, Ritterrüstungen und uralten geschmiedeten Kerzenständern. Hier schrieben dänische Könige Geschichte: bis 1413 fanden in diesem Saal die Treffen des Reichsrates statt. Man kann beinahe sehen, wie sich König Erik Glipping im Jahre 1282 aus seinem ledernen Sessel erhebt, sich vor den einflußreichsten Männern des Landes verbeugt und sein Siegel auf Dänemarks Magna Charta setzt, die erste Verfassung des Königreiches.

Nyborg, die »neue Burg«, ist das älteste erhaltene weltliche Bauwerk Dänemarks. Sie wurde 1170 an der Ostküste Fünens und damit genau in der Mitte des dänischen Königreiches angelegt. Einst war die Festung von einem breiten Wassergraben und einer viereckigen Ringmauer umgeben. Davon ist nicht mehr viel übriggeblieben. Die Fassade des einzig erhaltenen Westflügels wirkt wie ein schartiges Schwert: unzählige Kriege haben ihre Zeichen und Narben im rotbraunen Mauerwerk hinterlassen. 1658 erlitt die Burg so schwere Kriegsschäden, daß sie ihren Status als Königsresidenz verlor. Die Anlage verfiel immer weiter, diente bald nur noch als Lagerhalle und Kornspeicher. »Erst Anfang dieses Jahrhunderts erkannte man, daß hier ein Kulturdenkmal unterging«, erzählt mir der Fremdenführer des Schlosses. »In den Jahren von 1918 bis 1923 baute man die Burg endlich wieder auf.«

- *Nyborg Slot*: 5800 Nyborg, geöffnet vom 1.3. bis 31.5. und 1.9. bis 31.10. täglich von 10 bis 15 Uhr (außer montags). Im Sommerhalbjahr täglich von 10 bis 17 Uhr. Mehrmals in der Woche gibt es Führungen durch die Säle und Gemächer. Tel. 6531 0207

Die Geschichte der Stadt Nyborg ist eng mit der Burg verknüpft. Die über 800 Jahre alte Stadt zählt zu den ältesten Handelsstädten Dänemarks. Mehrere Jahrhunderte war Nyborg die Hauptstadt Dänemarks. Wie kaum eine andere Stadt im Königreich war sie Schauplatz unzähliger Kriege und Tragödien. Während der Schwedenkriege 1658-1660 wurde Nyborg erobert und zerstört. Doch im November 1660 gelang es dem dänischen Feldmarschall Hans Schak, 3000 holländische Marinesoldaten, welche die Dänen unterstützten, in *Kerteminde* an Land zu setzen. Bei Nyborg konnten sie die Schweden so entscheidend schlagen, daß sie die Besetzung Fünens aufgeben mußten.

1797 brannten große Teile der Stadt ab. Es war die schlimmste Katastrophe in der Geschichte Nyborgs: 143 Höfe wurden vernichtet, gut die Hälfte der Anwesen in der Stadt gingen verloren. Eine landesweite Geldsammlung mußte den verarmten Nyborger Bürgern helfen. In den Napoleonkriegen 1807 bis 1814 wurde die Stadt wieder von den Wirren des Krieges heimgesucht und zum Teil erneut zerstört. Auch später hatte die Stadt am Knotenpunkt zwischen West- und Ostdänemark eine wichtige militärische Bedeutung. Bis zum Jahre 1913 war Nyborg eine der wichtigsten Garnisonsstädte Dänemarks.

Nyborg

Die Frauenkirche

Die Nyborger Kirche *»Vor Frue Kirke«* wurde zwischen 1388 und 1428 errichtet. Die dänische Königin Margarethe I. legte selbst den Grundstein. In den folgenden Jahrhunderten wurde die Kirche oft umgebaut und erweitert. Bis 1870 besaß sie fünf Schiffe. Dann wurden bei einer grundlegenden Restaurierung Teile der Seitenschiffe abgerissen, und die Frauenkirche erhielt ihre jetzige Form in Gestalt eines Langhauses.

Sie betreten die Kirche durch den südlich gelegenen Eingang. Die schöne Kanzel ist ein barockes Meisterwerk aus dem Jahre 1635. Ebenfalls sehenswert ist das hölzerne Taufbecken aus der Renaissance. Kunstexperten vermuten, daß der Zwiebelturm früher abgehoben werden konnte. Neben den Gottesdiensten finden in der Kirche jedes Jahr zahlreiche Orgelkonzerte statt. Die Frauenkirche hat fünf alte Kirchenglocken, die älteste stammt aus dem Jahre 1450. Viermal am Tag läutet ein Glockenspiel, das im Turm untergebracht ist.

- *Vor Frue Kirke:* Die Kirche ist im Sommerhalbjahr täglich von 9 bis 18 Uhr geöffnet. Die Termine für die Konzerte können Sie beim Fremdenverkehrsbüro in Nyborg erfragen. Der Eintritt ist kostenlos.

Das Museum für Nyborg und Umgebung ist im am besten bewahrten Gebäude der Stadt untergebracht. Das rote Fachwerkgebäude in der Slotsgade gehörte einst dem Bürgermeister der Stadt. Durch einen glücklichen Zufall blieb das 1601 errichtete Gebäude vom großen Stadtbrand 1797 verschont. Der Hof hat 30 Zimmer. In einem Teil davon ist eine Dauerausstellung eingerichtet. Im Laufe des Sommers finden in den übrigen Räumen Sonderausstellungen statt. Die neuste Ausstellung beschäftigt sich mit der Geschichte der Seefahrt. Die Mitarbeiter des Museums haben Fotos, Modelle, Zeitungsausschnitte und Berichte von Seeleuten zusammengetragen, die über die Bedeutung der Seefahrt für Nyborg berichten.

- Nyborg Museum: Slotsgade 11, geöffnet täglich von 10 bis 17 Uhr. Tel. 6531 0207

Brücke der Rekorde

Zu Recht hat die feste Verbindung über den Großen Belt diese Bezeichnung bekommen. Obwohl der von Fünen aus gebaute Teil - die *Vestbroen* (Westbrücke) - nur der kleinste Teil des imposanten Bauwerks ist, sollten Sie sich einen Besuch nicht entgehen lassen. Hier ein kurzer Überblick über die wirklich beeindruckenden Zahlen: Mit ihren 6,6 Kilometern ist die Westbrücke Europas längste kombinierte Straßen- und Eisenbahnbrücke. 480.000 Tonnen Beton und 80.000 Tonnen Baustahl wurden bislang verbaut, 400.000 Kubikmeter Sand aus dem Großen Belt gepumpt und auf die Insel Lindholm und an die Küste Nyborgs geschafft. Am Hjejlevej ist dadurch Dänemarks breitester Sandstrand entstanden! Der gut besuchte Strand wurde vor zwei Jahren mit der blauen Umweltflagge ausgezeichnet. Neben guter Wasserqualität und sauberem Strand sind Toiletten, Duschen, Abfallentsorgung, Kioske und ein Lebensretter-Service Bedingung dafür.

Die Brückenteile werden auf der Baustelle bei Lindholm hergestellt und mit Hilfe eines Schwimmkrans eingepaßt. Der *»Svanen«*-Kran kann 6900 Tonnen auf einmal heben. Das entspricht einem der täglich auf dem Großen Belt verkehrenden vollbeladenen Fähren! Der insgesamt 16 Kilometer lange Eisenbahntunnel ist nach dem Ärmelkanal-Tunnel der zweitlängste Europas. Vier je 220 Meter lange Bohrmaschinen graben die Röhren, die teilweise 75 Meter unter dem Meeresspiegel liegen. Auf der Ostbrücke, die insgesamt 6,8 Kilometer lang sein wird, soll ab 1998 der Autoverkehr zwischen Seeland und der kleinen Insel Sprogø verkehren. Damit ist sie die längste Hängebrücke der Welt. »Wenn die Brücke fertig ist, werden insgesamt 10 Millionen Meter Draht verarbeitet sein«, so die Bauleitung stolz, »das entspricht dem zweieinhalbfachen Erdumfang am Äquator.« Die beiden gigantischen Brückentürme, die sogenannten Pylonen, sind 254 Meter hoch. Die New Yorker Freiheitsstatue müßte etwa sechsmal aufeinanderstehen, um die Spitze zu erreichen!

Leider ist für die Brücke über den Großen Belt kein Fahrradweg vorgesehen. »Radfahrer würden vom starken Seewind weggeweht werden«, lautet die offizielle Begründung. »Eine Windschutzwand würde die Angriffsfläche der Brücke empfindlich vergrößern und die Statik gefährden.« Ein Bustransport für Radler und Fußgänger soll aber angeboten werden. Zu empfehlen ist ein Besuch des Ausstellungscenters, das in unmittelbarer Nähe des Fährhafens *Knudshoved* liegt. Hier können Sie sich einen guten Eindruck von dem Projekt verschaffen und sich anhand der vielen Modelle ein Bild von der komplizierten Technik machen, die hinter der Verwirklichung dieses Bauwerks steht. Die Ausstellung hat täglich zwischen 10 und 20 Uhr geöffnet. Eine weitere Möglichkeit wäre ein Ausflug mit dem Schiff, das vom Nyborger Hafen dreimal wöchentlich Rundfahrten unternimmt. Karten erhalten Sie beim *Touristbureau.*

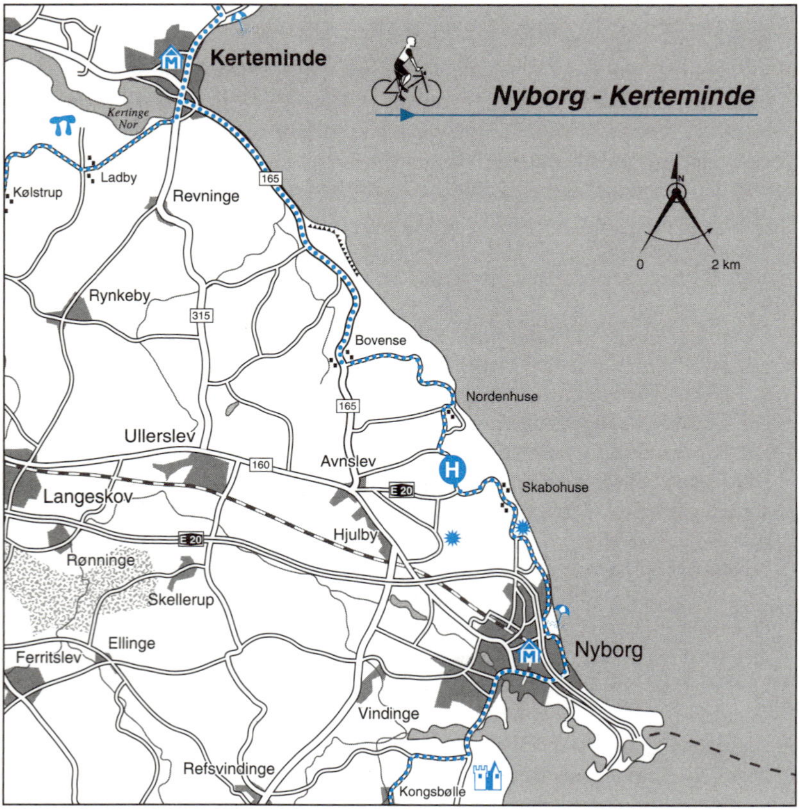

i Touristbureau: Torvet 9, 5800 Nyborg, Tel. 6531 0280
Vandrerhjem: Havnegade 28, Tel. 6431 2704
Camping: Rejstrupvej 83, Tel. 6536 1550

Hauptroute Nyborg - Kerteminde

Nyborg - Nordenhuse - Lundsgård - Kerteminde (26 Kilometer)

Der Streckenabschnitt nach Kerteminde ist 26 Kilometer lang und führt abseits der Hauptstraßen durch eine leicht gewellte Moränenlandschaft. Sie fahren durch kleine Wälder und offene Landschaften, die immer einen Blick auf den Großen Belt zulassen, vorbei an typischen Bauerndörfern und Herrenhäusern. An vielen Stellen haben Sie unterwegs ausgezeichnete Bademöglichkeiten. Um die Stadt zu verlassen, müssen Sie zuerst die Bahnlinie und dann die breite Autobahnbrücke überqueren, bevor Sie auf dem Osterovej die Küste erreichen. Zur Linken sehen Sie das große Nyborg-Hotel, zur Rechten lockt bereits ein schöner Sandstrand zum Baden. Durch das kleine Wäldchen *Teglværskoven,* wo einige einladende *Kroer* schon am frühen Morgen geöffnet haben, fahren Sie zur Ferienhaussiedlung Skabohuse. Nach einem kleinen Schlenker ins Landesinnere erreichen Sie bald den alten Fischerort Nordenhuse mit einer schönen Badebucht am Parkplatz Prestekoven. Leider suchen Sie hier vergeblich die alte Winde, mit der die Fischer früher ihre Boote ans Land gezogen haben - sie wird noch immer in einigen Reiseführern erwähnt. Doch nur der Sockel ist noch zu sehen. Dafür haben Sie aber einen guten Ausblick auf den Großen Belt und die neue Brücke.

Vor Bovense, am Ende des Strandskorvej, kommen die Liebhaber von Kunsthandwerk auf ihre Kosten: Ein Schild *»Purrekrogen«* lädt zu einer Besichtigung ein. Eigenwillige Schmiedearbeiten stehen auf dem sattgrünen Rasen, im Innenhof abstrakte Figuren aus unterschiedlichen Werkstoffen, und in den Innenräumen sind Bilder von fünischen Malern ausgestellt. Eine köstlich-kitschige Kunstmischung! In der Ortsmitte von Bovense sollten Sie einen kleinen Abstecher zur Kirche machen. Viele Kirchen auf Fünen sind zwischen 10 und 16 Uhr geöffnet und bieten sich an für eine kleine Ruhepause - und zum Nachfüllen der leeren Trinkflaschen, denn in der Nähe vieler Kirchen gibt es ein sauberes Toilettenhäuschen und Trinkwasser. In diesem Häuschen finden Sie sogar frische Handtücher!

Über Bovense führt die Route weiter nach Risinge, den blauen Routenschildern 40 nach. Immer wieder führen schmale Wege hinunter zum Badestrand. Der Herrenhof in Risinge ist nicht etwa riesig, aber kurios: Das Fachwerkhaus aus dem 18. Jahrhundert hat in der Mitte einen ungewöhnlichen viereckigen Turm mit einem pyramidenförmigen Dach. Direkt am Wasser radeln Sie weiter durch das lichte Waldgebiet *Storskoven.* Mitten im Wald auf der anderen Seite der Straße liegt eine mittelalterliche Wallanlage, der sogenannte »Jungfernhügel« (*Jomfruhøjen*). Eine schreckliche Geschichte soll sich hier zugetragen haben: Drei schöne Jungfrauen wurden ständig von neuen Freiern umworben. Ihre Verlobten, drei Ritter aus der Gegend, waren auf einem Feldzug und konnten sie nicht beschützen. So flüchteten sie auf einen Hügel im Wald. Als die hartnäckigen Freier die drei Frauen in ihrem Versteck dennoch aufspür-

Nyborg - die Brücke über den Belt

ten, wollten die drei Jungfrauen lieber sterben, als ihre Unschuld verlieren. Sie erstachen sich gegenseitig.

Aus dem Wald heraus stoßen Sie auf eine vielbefahrene, enge Straße. Falls Sie mit einer Gruppe unterwegs sind, heißt es aufpassen und nicht nebeneinander fahren! Am Hinweisschild können Sie von der Route 40 nach rechts abbiegen und gelangen auf einen Rastplatz. Ganz links steht eine Informationstafel, mit deren Hilfe Sie sich mit der Umgebung vertraut machen können. Rechts an der Hütte vorbei führt ein Weg zur fast einen Kilometer langen Steilküste *Lundsgård Klint.* Die Küste von Kerteminde wurde immer wieder überschwemmt, wenn der Sturm das Wasser des Großen Belt in die schmale Bucht drückte. So wurden an dieser Stelle die Wellenbrecher *(Buhnen)* besonders verstärkt. Bei schönem Wetter haben Sie eine prächtige Aussicht auf den Großen Belt und die Küste der Nachbarinsel Seeland. Und ganz schwach am Horizont können Sie auch noch die neue Brücke erkennen und ermessen, welch enorme Strecke sie zu überwinden hat.

Weiter geht es in Richtung Kerteminde. Hinter dem Wald liegt das Gut *Lundsgård* mit einem 1765 erbauten Rokoko-Herrenhaus und einem repräsentativen Park. Kein Schild »Privat« kann Sie von einer näheren

Erkundung des wunderschönen Parks abbringen, aber leider vergraulen mehrere bellende Wachhunde die Lust am Weitergehen. Einen Kilometer weiter erreichen Sie bereits die Fischereistadt *Kerteminde.*

Kerteminde - die Stadt Amandas
Mehrere Jahrhunderte war Kerteminde die bedeutendste Hafenstadt Fünens. Davon zeugen heute noch die großen Kaufmannshöfe. 1412 erhielt die schöne Kleinstadt das Stadtrecht. Wie so viele Städte auf Fünen wurde Kerteminde in den Schwedenkriegen 1657-1660 zerstört. Und als 1680 der Odensekanal angelegt wurde, büßte Kerteminde seinen Status als Handelsstadt endgültig ein. 1747 ging es der Stadt so schlecht, daß das Bürgermeisteramt aufgehoben und die Stadtverwaltung einem Stadtvogt überlassen wurde. Statt dessen entwickelte sich seit Ende des 18. Jahrhunderts der Fischfang. Besonders gut florierte der Heringsfang, noch besser der der fetten Flunder, die man bald in ganz Fünen *»Kerteminde Rådemænd«* - Kerteminder Ratsherren - nannte. Man witzelte, in Kerteminde seien alle Bürger Fischer - außer dem Bürgermeister, der Aale steche!

Noch heute spielt der Fischereihafen eine wichtige Rolle. Spazieren Sie einmal in Ruhe durch den Hafen mit seinen vielen großen und kleinen Fischerbooten. Hier riecht es nach Meer, flicken Fischer Netze und schrubben die Decks ihrer bunten Schiffe. Wenn Sie Glück haben, können Sie direkt vom Kutter Krabben kaufen (das Kilo für etwa 7,- Mark). Und wenn die Stadt am ersten Wochenende im August zum Hafenfest einlädt, ist der ganze Fischereihafen in einen großen Festplatz umgewandelt, mit urigen Essensständen, Musik und Aktivitäten für die Kinder.

Stulpenstiefel im Kirchenchor
Die Kirche von Kerteminde wurde Ende des 15. Jahrhunderts aus den Ruinen einer älteren Kirche errichtet und zu einer dreischiffigen Anlage ausgebaut. Das Interieur der Kirche gehört mit der prächtigen Altartafel und der Barockkanzel zu den am reichsten ausgeschmückten Kirchen Dänemarks. Die Kunstwerke zeugen davon, daß es unter den Bürgern von Kerteminde selbst in den Notzeiten wohlhabende Leute gab. Besonders interessant ist die schwarze Holzplatte an der Südwand des Chors. Dort sind ein paar alte Stulpenstiefel und ein Schwert befestigt. Die Erklärung für diese Kuriosität findet sich in der Zeit der Schwedenkriege. Als die holländischen »Marines« unter dänischem Kommando 1659 in Kerteminde landeten, eroberten sie die Stadt im Sturm von den Schwe-

Kertemindes berühmte »Amanda«

den zurück. Bei der Schlacht um die Kirche wurde der dänische Major Syrich getötet. Zur Erinnerung an die Befreiung und an den Kriegshelden hängten die Kerteminder seine Stiefel und sein Schwert in der Kirche auf.

Das Heimatmuseum wurde im Hof des Ratsherrn Iversens eingerichtet, einem hübschen Fachwerkhof aus dem Jahr 1630. Hier können Sie Handwerks-, Kultur- und Fischereigeschichtliches aus Kerteminde und Umgebung besichtigen. Ein typisches Heimatmuseum, bei dem sich ein Besuch vor allem wegen des Gartens im Hinterhof lohnt und wegen des wohltuenden Schattens, wenn über Mittag die Sonne auf das Hafenstädtchen brennt!

Amanda - Revueschauspielerin oder Fischersfrau?
An vielen Stellen der Stadt finden Sie Statuen und Gedenksteine. Die berühmteste ist »Amanda«, die am Fuße der *Langebro* steht und über den Kertemindefjord und die roten Dächer der Stadt schaut. Wegen dieser Statue ist Kerteminde im ganzen Land als die »Stadt Amandas« bekannt.

Das Lied »Min Amanda« ist in Dänemark etwa so bekannt wie bei uns »Lilli Marleen«. Inhalt des Liedes ist natürlich eine Liebesgeschichte - mit einer der Töchter Kertemindes. Ihr wirklicher Name war Sophie Krag. Sie ging 1890 im Alter von 20 Jahren nach Kopenhagen, um Schauspielerin zu werden. Bald machte sie sich einen Namen als Revueschauspielerin am Nørrebro-Theater. Hier lernte sie den zehn Jahre älteren Hausdichter Anton Melbye kennen und verlobte sich mit ihm.

Das Verhältnis war aber schnell zu Ende, da sie ihren Verlobten mit einem jungen Studenten betrog. Die Bürger Kopenhagens waren schockiert, besonders Melbyes Freund Axel Schwanenflügel, der ebenfalls Dichter war. Im Winter 1883 schrieb er das Lied »Min Amanda var fra Kerteminde«. Der junge Student kam übrigens ebenfalls aus Kerteminde, war aber kein Medizinstudent - wie es im Lied heißt - sondern studierte Jura und ließ sich später als Rechtsanwalt in Kopenhagen nieder.

Sofie Krag starb 1911 mit 40 Jahren an einer schweren Krankheit. Niemand dachte, daß Kerteminde wegen dieser »unmoralischen Geschichte« im ganzen Land bekannt werden würde. Doch die Einwohner der Stadt haben ihr längst verziehen und benannten sogar das Denkmal nach ihr, welches allerdings die Frau eines Fischers darstellt. Fischersfrau oder Revueschauspielerin - das Denkmal von Amanda wurde zu einem Symbol für die Töchter von Kerteminde, »die so lieb und fröhlich sind«, wie es in einem Text heißt. Eine Einschätzung, die ich nach dem Besuch des alljährlichen Hafenfestes nur bestätigen kann!

Kerteminde

- Kerteminde-Museum: Langegade 8, bis zum 31.10. täglich von 10 bis 16 Uhr geöffnet. Tel. 6532 3727

Johannes-Larsen-Museum

Einer der bekanntesten Söhne der Stadt war der Maler Johannes Larsen (1867-1961). Sein Haus auf dem *Møllebakken* wurde um einen modernen Neubau erweitert und ist heute als Kunstmuseum eingerichtet. Einige Teile blieben erhalten wie zu seinen Lebzeiten. Lassen Sie die eindrucksvollen Akte und Landschaftsbilder Larsens und anderer fünischer Maler auf sich wirken. Viele Bilder werden Ihnen beim Ausflug auf die Halbinsel Hindsholm wieder begegnen. Die Inselspitze *Fyns Hoved* war das Lieblingsmotiv der fünischen Maler Fritz Seyberg und Johannes Larsen.

Direkt neben dem Larsen-Museum steht die Schwanenmühle, die wie der Fåborger Glockenturm zugleich Wahrzeichen der Stadt und Orientierungshilfe für die Seefahrer ist. Die Mühle ist nach dem Wetterhahn benannt, einem schönen Schwan, der die Mühlenhaube ziert. Die ursprüngliche Schwanenmühle brannte 1852 teilweise ab und wurde sofort wieder aufgebaut. Sie ist die einzig erhaltene der drei Windmühlen, die im 18. Jahrhundert auf dem Mühlenhügel standen.

- *Johannes Larsen Museet:* Møllebakken, im März/Mai und September/Oktober von 10 bis 16 Uhr, im Juni bis August täglich außer montags bis 17 Uhr, von November bis Februar nur am Mittwoch, Samstag und Sonntag von 11 bis 16 Uhr geöffnet. Tel. 6532 3727
- *Svanemøllen:* Møllebakken, im März/ Mai und September/Oktober ist die Mühle von 10 bis 16 Uhr, im Juni bis August täglich bis 17 Uhr geöffnet. Tel. 6532 3727

i Touristbureau: *Strandgade* 5a, 5300 Kerteminde, Tel. 6532 1121
Vandrerhjem: *Skovvej* 46, Tel. 6532 3929
Camping: *Hindsholmvej* 80, Tel. 6532 1971

Tagestour Halbinsel Hindsholm

Kerteminde - Hverringe - Måle - Stubberup - Martofte - Fyns Hoved - Martofte - Mesinge - Kerteminde (56 Kilometer)

Von Kerteminde aus können Sie auf der Fahrradroute 45 weiter nach Odense fahren. Oder Sie radeln die 56 Kilometer um die Halbinsel Hindsholm, was Sie unbedingt machen sollten: Es wird zu Recht behauptet, man habe Fünen nur halb gesehen, wenn man die einmalige Naturlandschaft Hindsholms nicht besucht hat. Für mich war der Ausflug das schönste Erlebnis bei meinen Touren auf der Insel. Vielleicht lassen Sie (wie ich) den größten Teil Ihres Gepäcks in Kerteminde und fahren erst anderntags weiter nach Odense. Sie können auch auf dem Campingplatz an der Nordspitze der Halbinsel übernachten oder gleich weiter über Munkebo nach Odense fahren.

Die Halbinsel Hindsholm ist für das Radfahren wie geschaffen. Sie fahren durch ein interessantes Naturschutzgebiet, wo im Frühjahr Zehntausende von Zugvögeln in den flachen Gewässern rasten, bevor sie über das Kattegat weiterziehen. Und in den Wintermonaten halten sich in den Gewässern um Hindsholm tausende von Tauchenten auf. Erst seit Beginn des letzten Jahrhunderts besteht durch Eindeichungen eine Landverbindung mit Fünen. Sie war ursprünglich ein zerklüftetes Inselreich, welches nach und nach trockengelegt wurde, um es landwirtschaftlich nutzbar zu machen.

Kerteminde verlassen Sie auf dem Hindsholmvej in Richtung Norden. Weiter fahren Sie auf der Route 41 durch den *Møleskov*-Wald zum Barockschloß *Hverringe.* Zur Anlage gehört eine der größten Gutsland-

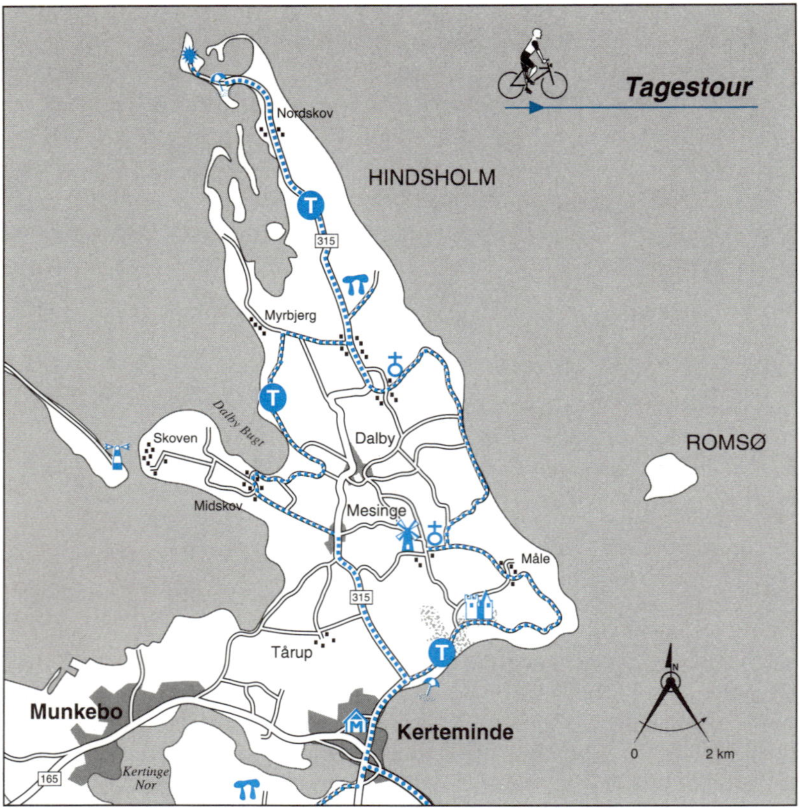

schaften Fünens. Der dreiflügelige Bau stammt aus dem Jahr 1790 und ist von breiten Wallgräben umgeben. Die vielen Kinder, die in der Anlage herumtollen, deuten darauf hin, daß das weiße Schloß heute als Erholungs- und Landschulheim dient. Hinter dem Schloß wird der Radweg etwas schlechter, aber die drei Kilometer in östlicher Richtung sind erträglich. Sie durchradeln eine traumhaft schöne Landschaft mit großen gestutzten Pappeln entlang des Weges. Auf den Feldern und Wiesen, die sanft zur Küste abfallen, stehen mächtige alte Eichen.

Bei schönem Wetter haben Sie eine herrliche Aussicht auf den Großen Belt. Dann taucht vor Ihnen das mittelalterliche Dorf Måle auf. Es lohnt sich anzuhalten und bei einem Spaziergang die vielen guterhaltenen Fachwerkhäuser und Gutshöfe anzuschauen. In über fünfhundert Jahren hat sich das Ortsbild nicht verändert. Hinter Måle geht es wieder einen

Hindsholm

Kilometer bergauf, bis Sie *Måle Bakke*, den mit 36 Metern höchsten Punkt Hindsholms, erklommen haben. Hier sollten Sie die Fahrradroute 41 kurz verlassen und unbedingt einen kleinen Abstecher nach Viby machen. Neben vielen schönen alten Höfen, die unter Denkmalschutz stehen, gibt es zu bewundern: eine für Besucher geöffnete holländische Windmühle aus dem 19. Jahrhundert, die vor kurzem restauriert wurde, ein Krankenhaus aus dem 18. Jahrhundert, eine ebensoalte Genossenschaftsmolkerei und die schönste Kirche von Hindsholm - im Fachwerkstil erbaut. Bei der Beschreibung der dänischen Inseln (auch im vorliegenden Buch) ist man verführt, viele Superlative zu verwenden. Doch in diesem Fall ist es wirklich angebracht, vom schönsten Fachwerkdorf der Insel zu sprechen! Zurück geht es zur Route 41 und nach einer rasanten Abfahrt zum Strand von Bøgebjerg. Hinter *Stubberup* biegt die Route wieder ins Inselinnere ab, und es geht wieder ganz schön bergauf zum Rücken der Insel.

Das Grab des Königsmörders

Schon von weitem sehen Sie die im frühen Mittelalter (wahrscheinlich zwischen 1100 und 1200) auf einem Hügel erbaute Kirche. Seit jeher dient die »weiße Jungfrau«, wie der Kirchturm genannt wird, als Orientierungspunkt für Seefahrer. Es heißt, daß Marschall Stig, welcher den dänischen König Erik Glipping im Jahre 1286 ermordet haben soll, 1293 unter dem Kirchenboden vergraben wurde. Der Sage nach warf eines Tages ein Schiff vor der Küste Hindsholms den Anker. Eine Jolle wurde an Land gesetzt. Kurz darauf klopfte es an der Tür des Stubberuper Pastors. In der Dunkelheit standen einige vermummte Männer, die dem schlaftrunkenen Pfarrer befahlen, mit hinüber zur Kirche zu kommen und für einen Toten eine Messe zu lesen. Dort standen bereits sechs Männer im Kreis um einen Sarg, der von einem prächtigen Samttuch bedeckt war. Im Chor waren einige Fliesen im Fußboden entfernt und ein Grab ausgehoben. Der schreckerfüllte Pastor zelebrierte das Bestattungsritual. Dann wurde der Sarg hinabgelassen, und die Fliesen wurden wieder eingesetzt. Der Pastor mußte schwören, daß er sein ganzes Leben darüber schweigen würde.

Doch die Magd des Pastors hatte das Geschehen beobachtet. Als die Männer fort waren, entfernte sie die Fliesen, stahl das Samttuch und lief damit in ihre Kammer. Als sie es später ihrem Verlobten zeigte, zwang er sie, ihm zu sagen, woher sie das Tuch hatte. Die Frau erzählte ihre Geschichte. Da erhob sich ihr Verlobter plötzlich und stach ihr seinen Dolch in die Brust mit den Worten: »Nun kennst du die letzte Ruhestätte meines Herren - darum mußt du sterben!« Eine schöne Geschichte - aber eine typische Wandersage. Sowohl die Kirchen in Rørvig auf Seeland als auch Helgenæs auf Djursland beanspruchen ebenfalls, die irdischen Reste des Marschalls zu beherbergen!

Nach Stubberup biegt die Fahrradroute ins Landesinnere ab und führt durch den Ort Martofte zu dem Steinzeitgrab *Mårhøj*. Achten Sie auf das Schild *»Snave 1 km«* und auf den Hinweis *»Jaettestue«*. Die letzten 100 Meter gehen Sie auf einem schmalen Weg durch ein Gemüsefeld. *Mårhøj* ist das größte Einkammergrab Fünens. Vor dem ungefähr 10 Meter hohen Grabhügel steht eine Informationstafel, auf der auch die Geschichte des Bauern zu lesen ist, der im vorigen Jahrhundert den Eingang zu dieser Grabstätte entdeckt hat. Sie wurde unter Denkmalschutz gestellt. Der Besitzer erhielt einen Silberbecher als Belohnung.

Nur im Entengang können Sie die Grabstätte betreten, denn der Zugang ist zwar sieben Meter lang, aber nur 80 Zentimeter hoch. Sehr leicht können Sie Ihren Kopf anstoßen! Im Inneren des Grabes ist es dunkel und feucht. Sie können sich aufrichten und eine Kerze anzünden - falls Sie eine mitgebracht haben. Vielleicht finden Sie auch wieder ein-

Maarhøj

mal einen Kerzenstummel, den ein freundlicher Vorbesucher zurückgelassen hat. Nach links und rechts zweigt das Grab noch einmal kreuzförmig um fünf Meter ab. Nichts für zarte Gemüter und Leute mit Klaustrophobie!

Auf dem Rücken der Halbinsel geht es nun in fast gerader Linie durch den kleinen Ort Nordskov (wo sich auch ein Campingplatz befindet) zum *Fyns Hoved. Baesebanke* heißt der höchste Punkt der schroffen Halbinsel. Von hier aus sehen Sie bei klarem Wetter die Küsten von Jütland und Seeland, Hindsholm und die Odenser Bucht, sowie die langgestreckte Halbinsel *Enebærodde,* die auf einer der nächsten Touren beschrieben wird. Hier im nördlichen Teil von Hindsholm regnet es sehr selten - die Landschaft gehört zu den niederschlagsärmsten Gebieten Dänemarks. Deshalb findet man hier viele Pflanzen und Insektenarten, die es sonst nirgends in Dänemark gibt. Wenn der Wind über die Halbinsel fegt und Wolkenfetzen dicht über den Horizont treibt, fühlt man sich in vergangene Zeiten versetzt, als König Blauzahn und Gorm der Alte mit seinen Wikingerschiffen das Land eroberten. Und wenn Sie Glück haben, erspähen Sie draußen auf dem Meer Seehunde und Tümmler, die hier zu Hause sind.

Auf dem Rückweg biegen sie in Martofte rechts auf die Route 42 ab. An der Kreuzung finden Sie eine interessante Töpferei. Die Besitzerin ist nicht nur stolz auf ihre Keramiken. Als ich ihr bei meinem Besuch deutlich mache, daß ich auf dem Fahrrad schlecht ihre kostbaren Keramiken transportieren könne, bietet sie an, mir wenigstens die Haare zu schneiden - ist sie doch auch eine vorzügliche Friseuse! Dann geht es an der Westküste von Hindsholm über Mindskov und Mesinge zurück nach Kerteminde.

Hauptroute Kerteminde - Odense

Kerteminde - Ladby - Ladbyskibet - Kølstrup - Agedrup - Odense (23 Kilometer)

Nur 23 Kilometer lang ist die Route 45 von Kerteminde nach Odense. In Odense können Sie aber Ihr Gepäck in die Unterkunft bringen und unbelastet und ohne Sorge um Ihre kostbaren Packtaschen am Nachmittag die Stadt erkunden oder zu einer kleinen Tagestour aufbrechen. Hinter der Brücke über den Kertemindefjord biegen Sie rechts in den Odensevej und fahren am Fjord entlang drei Kilometer bis nach Ladby. In dem kleinen malerischen Dorf biegt rechts ein Weg zum *Ladby Skibet* ab. Eineinhalb Kilometer weiter nördlich können Sie das Grab des Wikingerhäuptlings besichtigen.

Mit gemischten Gefühlen kehren Sie wieder aus der Grabstelle ans Tageslicht und fahren zurück auf die Route 45 und über Kertinge nach *Kølstrup.* Von der Kirche aus haben Sie einen schönen Ausblick auf die Kertinger Bucht. Und natürlich finden Sie auch hier den obligatorischen Herrenhof: das Gut *Ulriksholm.* Achten Sie auf das Hinweiszeichen »*Munkebo 6 km*«, denn an der Abzweigung fehlt das Routenschild 45! Zum Herrenhaus führt eine lange, von Steinrainen eingefaßte Allee. Der malerisch gelegene Herrensitz wurde im 16. Jahrhundert erbaut. Später kaufte König Christian IV. das Anwesen als Unterschlupf für einen seiner unehelichen Söhne. Recht unfreundlich, aber zähneknirschend zu akzeptieren, ist das Schild an der Zufahrt: »Fotografieren verboten«.

Viel freundlicher dagegen der 1731 gebaute Herrenhof *Østergård* mit seinem schwarzen Eichenfachwerk und den leuchtend roten Ziegeln. Sie können ruhig durch die schönen Anlagen radeln und die Pferdezucht besichtigen. Eine Allee mit Weiden zur Rechten und Linken ist nach Age-

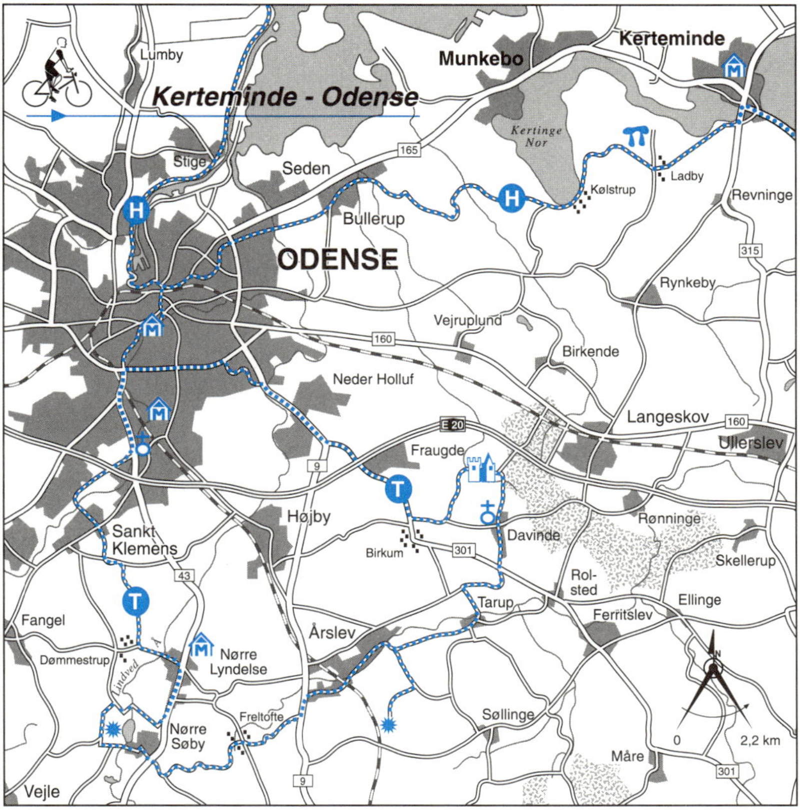

drup ausgeschildert - das Hinweiszeichen 45 ist wieder sehr ungünstig angebracht. Hinter der Kirche von Agedrup beginnt ein schöner Radweg aus festem Sand, der Sie durch Seden nach Odense führt. Vorsicht an den vielen Kreuzungen vor Odense! Leider fehlen auf der ansonsten sehr schönen Route durch die Vororte einige 45-Schilder, und oft ist nur noch der Pfosten zu sehen. Waren hier etwa ein paar Souvenirjäger am Werke? Am Bahnhof von Odense können Sie sich wieder orientieren. Hier treffen sich fünf verschiedene Routen, die aber übersichtlich ausgeschildert sind.

Ladby Skibet - das Schiffsgrab des Wikingers

Ein unscheinbarer Erdhügel liegt vor Ihnen, aber wenn Sie durch die kleine Tür ins Innere gehen und die weißen Neonlampen anspringen, sind Sie bestimmt beeindruckt: vor Ihnen liegt der Abdruck eines 22 Meter langen Wikingerschiffs. Der Apotheker und Hobby-Archäologe Poul Helweg Mikkelsen aus Odense fand 1934 unter einem fast völlig niedergepflügten Erdhügel nahe der Südküste des *Kerteminde-Fjords* ein Schiffsgrab aus dem Jahre 950. Das Wikingerlangschiff nimmt unter den Funden eine Sonderrolle ein, weil es ein dänisches Ruderschiff ist, welches sich von den Funden norwegischer Herkunft erheblich unterscheidet. Es ist der Prototyp eines dänischen Raubschiffes: Es war lang und schmal gebaut und damit extrem schnell, jedoch für die Hochsee oder schlechtes Wetter ungeeignet. Wahrscheinlich fuhr es ohne Segel mit 16 Ruderern an jeder Seite.

Bei den Grabungen kamen die Knochen von elf Pferden und vier Hunden zutage und der größte, aus nordischer Vorzeit bekannte Eisenanker, der den Archäologen Rätsel aufgab: Warum war eine - damals völlig unübliche - zehn Meter lange Eisenkette befestigt? Vermutlich benutzten die Wikinger den Anker auch als Enterhaken, um ein feindliches Schiff festzuhalten - ein Tau war da schnell wieder durchgehackt.

Odense - Hauptstadt der Märcheninsel

Im Jahre 988 taucht Odense erstmals in der Geschichtsschreibung auf. Damals schenkte der deutsche Kaiser Otto III. dem damaligen Bischofssitz einige Privilegien. Dieser löste eine Kultstätte ab, an der die Wikinger dem mächtigen Gott Odin huldigten. Daher stammt auch der Name der Stadt: *Odins vi* - Odins Heiligtum - schmolz im Laufe der Zeit auf *Odansue* und schließlich *Odense* zusammen. Mit dem Bischofssitz und einer alten Wikingerburg von Harald Blauzahn war die Grundlage für die Entwicklung einer Stadt gelegt. Heute nennen die Odenser ihre Stadt selbstbewußt »die schönste Kulturstadt Dänemarks«. Auch wenn das vermutlich einige Städte des Königreichs von sich behaupten - das Kulturangebot in Odense ist wirklich beeindruckend: Über ein Dutzend verschiedene Museen, Kunstausstellungen, Theater, zoologische Parks hat die Hauptstadt Fünens zu bieten. Sie sollten bei Ihrer Ankunft im Touristbüro vorbeischauen und die Prospekte studieren. Dort können Sie auch den sogenannten »Märchenpaß« erwerben, mit dem Sie in den meisten Museen freien Eintritt haben. Hier nur eine kleine Auswahl:

St. Knuds-Kirche

Im Jahre 1086 fuhr König Knud II. nach Jütland, um Bußgelder von den Ortschaften einzutreiben, die sich nicht an seinem geplanten Flottenzug gegen England beteiligt hatten. Es kam zum offenen Widerstand gegen den König, der sich nach Fünen zurückziehen mußte. Dort hoffte er auf Unterstützung für seine Eroberungspläne. Es kam jedoch genau umgekehrt - die Flamme des Aufruhrs hatte sich zu einem Flächenbrand entwickelt. Am 12. Juni suchte der König Schutz in der Hofkapelle *St. Alban.* »Unverzüglich warfen nun die Volksscharen Speere durch die Fenster und die anderen Öffnungen gegen den König«, berichtet eine alte Chronik.

Schließlich brach die meuternde Menge durch das Kirchentor. Knud versuchte, sich mit Hilfe seines Bruders Benedikt und 17 treuen Männern vor dem Altar zu verteidigen. Sie wurden alle ermordet. 15 Jahre später wurde Knud heiliggesprochen. Mit großem Zeremoniell wurden die Ge-

Odense

beine des Königs und seines Bruders in die Steinkirche westlich des Königshofes überführt, für die Knud kurz vor seinem Tod den Grundstein gelegt hatte. 1139 wurde dieses Gebäude zur Domkirche erhoben. In den beiden nächsten Jahrhunderten wurde der Bau jedoch von zwei schrecklichen Bränden zerstört, so daß Ende des 13. Jahrhunderts ein Neubau erforderlich war.

Der Ruf des heiligen Knud zog viele Pilger an. Herbergen und Händler folgten, und die Bevölkerung wuchs beständig. Allein im 13. Jahrhundert gründeten die Orden der Franziskaner, Dominikaner und Johanniter Klöster in Odense; zwei Nonnenklöster entstanden ebenfalls. Anders als in vielen Städten Dänemarks wehte der Sturm der Reformation ohne größere Schäden über Odense hinweg. In der folgenden Periode der Renaissance erlebte die Stadt in der Mitte Fünens eine kulturelle und wirtschaftliche Blütezeit. Leider ist wenig von der Baukultur aus dieser Zeit erhalten geblieben.

Die *St. Hans-Kirke* an der Nørregade war ursprünglich ein Teil des Johanniterklosters. Merkwürdig ist die Außenkanzel an der Westecke des südlichen Seitenschiffs. Sie ist zwar die einzige erhaltene Dänemarks, aber außerhalb der Landesgrenzen gibt es viele Beispiele dafür. Man ver-

Vorbildliche Ausschilderung der Radwege am Bahnhof Odense

mutet, daß der Priester von hier aus den Gläubigen Reliquien zeigen konnte - ein wichtiger Teil der mittelalterlichen Frömmigkeit. An Feiertagen entstand immer ein schlimmes Gedränge. Die Außenkanzel war eine wichtige Hilfe, um die Reliquien möglichst vielen Menschen zu zeigen und zu verhindern, daß diese sich beim Versuch, die Reliquien zu küssen und zu verehren, gegenseitig tottrampelten. Eine andere Erklärung für die Außenkanzel ist, daß der Priester von hier aus auch für die Aussätzigen predigen konnte, die keinen Einlaß in die Kirche hatten.

Das Schloß von Odense liegt in der Nähe der Kirche, eingerahmt von alten Bäumen im *Kongens Have* - dem Königsgarten. Die Baugeschichte des Barockschlosses geht bis ins 15. Jahrhundert zurück, als auch dieses Gebäude noch ein Teil des *St. Hans*-Klosters war. In den Jahrhunderten wurde die Anlage beständig erweitert und modernisiert. Hintergrund war der Befehl Friedrichs II., die königliche Residenz vom Bischofshof in den *Odensegård* zu verlegen. Im 17. Jahrhundert verfiel das Schloß zunehmend. Schließlich wurden sogar die königlichen Gemächer als Kornkammer genutzt. Als Friedrich IV. auf den Thron kam, ließ er *Odensegård* zur jetzigen Gestalt umbauen.

Das alte Schwanennest

»Ungefähr gegen zehn Uhr rollte ich in meine alte Geburtsstadt ein. Mit einem Dank an Gott, der mich in der Welt vorwärts geführt hatte. Hier hätte ich ohne ihn als ein armer Handwerker gesessen, zum Spott der Kameraden. Es sind nun 31 Jahre vergangen, seit ich von hier fortzog. Er, der mich die ganze Zeit geführt hat, wird mich in Zukunft nicht allein lassen«, schreibt Hans Christian Andersen am Sonntag, den 9. Juni 1850 in sein Tagebuch. [1]

In Odense wurde im Jahre 1805 der Märchendichter geboren, der mit 14 in die große Welt zog, »um berühmt zu werden«. Das wurde er in erstaunlich kurzer Zeit. Heute sind seine Märchen in nahezu allen Ländern der Welt bekannt. Anregungen für seine Gedichte, Märchen und Erzählungen holte Andersen sich nicht nur auf Fünen, sondern auch auf Reisen, die ihn bis in die Türkei und nach Marokko führten. Doch immer wieder zog es ihn zurück auf die Insel. Nur hier konnte er sich entspannen und in aller Ruhe an seinen Werken arbeiten.

1 Andersen, Hans Chr.: Aus Andersens Tagebüchern. Bd. 2, Fischer Verlag, Frankfurt 1980

Das Märchen-Museum

Hans Christian Andersens Geburtshaus liegt an der Ecke zwischen der Hans Jensensstræde und Bangs Boder. Allerdings sind sich die Gelehrten noch ziemlich unsicher, ob der Dichter hier wirklich geboren wurde. Sicher lag sein eigentliches Elternhaus in der Munkemøllestræde 3-5. Später beschrieb Andersen das Haus in seiner Selbstbiographie »Abenteuer meines Lebens«. Das Eckhaus ist heute als Museum eingerichtet. Hier können Sie eine Sammlung von Andersens Scherenschnitten, Zeichnungen, Manuskripten und zeitgenössischen Portraits des Künstlers sehen. Das schönste davon wurde 1836 vom dänischen Künstlers C. A. Jensen gemalt.

Im Sommer findet im Garten des Museums und auf den Straßen Odenses mehrmals täglich eine »Märchenparade« statt. Laienschauspieler aus Odense in schönen Kostümen spielen Szenen aus den Märchen Andersens und aus seinem Leben nach. Hier werden die bekannten Figuren aus Ihrer Kinderzeit wieder lebendig: der Kaiser mit seinen »neuen Kleidern«, die Prinzessin auf der Erbse, der standhafte Zinnsoldat und viele andere.

- *H. C. Andersens Hus:* Hans Jensens Stræde 37-45. Geöffnet von 10 bis 16 Uhr, Juni bis August von 9 bis 18 Uhr. Vom 18.6. bis zum 5.8. finden täglich um 11, 13 und 15 Uhr die Märchenparaden statt. Genauere Auskünfte gibt Ihnen das Plakat vor dem Eingang oder die Museumsleitung. Tel. 66 13 72/App. 4662

Wie das häßliche Entlein in seinem berühmtesten Märchen wurde der bettelarme Schustersohn Hans Christian Andersen zum Schwan - zum Ehrenbürger seiner Heimatstadt. Odense wirbt heute mit diesem Motiv auf einem Plakat. »Zwischen Ostsee und Nordmeer liegt ein altes Schwanennest - und das wird Dänemark genannt«, schrieb Andersen in einer Huldigung an sein Vaterland, »darin sind und werden noch viele Schwäne geboren, deren Name niemals untergehen soll.«

Der berühmte dänische Komponist Carl Nielsen ist sicher einer dieser Schwäne, von denen Andersen schrieb. Nielsens Karriere erinnert unmittelbar an die des Märchendichters. Auch er verließ im Alter von 14 Jahren sein Elternhaus und ging 1883 nach Kopenhagen, um dort Musik zu studieren. Er schrieb zwei Opern, sechs Symphonien, Klavierstücke und Konzerte, aber auch viele Volkslieder. Das ihm gewidmete Museum neben dem Konzerthaus liegt in unmittelbarer Nähe des Andersen-Museums. An sechs Stellen der Ausstellung können Sie Kopfhörer aufsetzen und sich Beispiele seines Schaffens anhören. Das Museum beleuchtet zugleich Leben und Werk seiner Ehefrau, der Bildhauerin Anne Marie Carl-Nielsen. Auch Carl Nielsens Geburtshaus in Nørre Lyndelse ist als Museum eingerichtet. Sie können es bei der Tagestour um das südliche Odense besuchen.

- *Carl Nielsen-Museum:* Claus Bergs Gade 11, geöffnet täglich von 10 bis 16 Uhr. Tel. 6614 8814

Brands Klæderfabrik

Bis 1977 war die Odenser Kleiderfabrik »Brands« der größte Arbeitgeber der Stadt. Heute beherbergt sie die Kunsthalle, das Museum für Fotokunst, Dänemarks Pressemuseum und die Fünische Kunstakademie. Das Kunstzentrum wurde 1988 mit dem Preis »Europäisches Museum des Jahres« ausgezeichnet und ist auf jeden Fall einen Besuch wert. In der Kunsthalle finden wechselnde Ausstellungen zeitgenössischer Malerei, Bildhauerei und Architektur statt. Auch das Museum für Fotokunst zeigt neben eigenen Exponaten zehn bis zwölf Ausstellungen im Jahr. In Dä-

Im Plaza Odense

nemarks Druck- und Pressezentrum wird die Entwicklung des grafischen Gewerbes und der Presse in Dänemark geschildert. Hier können Sie jeden Vormittag in den Schauwerkstätten erleben, wie früher Bücher gedruckt und gebunden wurden und Papier hergestellt wurde. Wenn Sie mehrere der in der Kleiderfabrik untergebrachten Museen besuchen wollen, sollten Sie sich das *hele huset*-Ticket (das ganze Haus) für 40 Kronen kaufen oder Ihren »Märchenpaß« benutzen.

- *Brands Klæderfabrik:* Brandts Passage 37, wochentags geöffnet von 10 bis 17 Uhr, sonst erst ab 11 Uhr. Die Kunsthalle und das Fotomuseum sind montags geschlossen, ausgenommen Juli und August. Tel. 6612 1020

Fünische Küche

»Die Dänen sind die Italiener des Nordens«, heißt es über die Küche des Königreichs, denn wie die Italiener essen die Dänen gerne und gut. Dabei ist die traditionelle Küche sehr einfach und kommt - wie die italienische - mit wenigen Zutaten aus, die allerdings wesentlich deftiger sind. »Wir essen mit Appetit und Genuß. Es müssen schon richtige Portionen sein, damit man hinterher auch satt ist«, sagt Anders Møller Kristensen, Chefkoch des Restaurants »Rosengarten« im Plaza-Hotel in Odense. Von ihm erfahre ich einige Besonderheiten der fünischen Küche.

Überall in Dänemark gibt es eine ähnliche Küche mit *frokost* und *middag*. Daneben findet man zahlreiche, regional verschiedene Traditionsgerichte. Meist handelt es sich dabei um sehr alte Gerichte, die seit Jahrhunderten gegessen werden. Auch Fünen hat einige lokale Spezialitäten. »Auf Fünen werden viele Gerichte mit süßsaurem Kompott serviert«, sagt Møller Kristensen, »hier ißt man selbst zu gebratenem Fisch gerne Stachelbeerkompott.« Eine besondere fünische Spezialität ist gebratener Hering mit Apfelmus. Dazu wird traditionell Bier getrunken. Und ein Aquavit.

Ein weiteres interessantes fünisches Gericht ist *»Blodpøllse«:* In einer Backform wird eine Blutwurstmasse aus Blut, Rosinen und Speck gebacken, anschließend in Scheiben geschnitten und in Butter knusprig gebraten. Die Wurstscheiben ißt man dann mit Zucker und Zimt oder Sirup, dazu gibt es Apfelkompott. Wer es mag! Dazu trinkt man Bier und Aquavit. Im Schloß *Gyldensten* wird seit Jahrhunderten ein Gericht gegessen, das über Fünen hinaus bekannt wurde:

Gyldenstens Fasan im Coquet (Römertopf)
1 Fasan
1/2 Sellerie
3 Zwiebeln
Grüner Pfeffer
Petersilie
2 Lorbeerblätter
Thymian
Butter
Salz
1 Glas Rotwein
2 Gläser Brühe

Mehl und Wasser (für den Teigrand)

Das Gemüse waschen, kleinschneiden und in Butter anbraten. Dann nehmen Sie das Gemüse aus der Butter und legen es in den Römertopf. Den Fasan im Rest Butter von allen Seiten anbraten und zum Gemüse legen. Rotwein und Brühe dazugeben. Teigring auf den Rand des Topfes legen und Deckel fest aufdrücken, Teig andrücken - der Topf muß luftdicht verschlossen sein! Das Ganze dann bei 250 Grad eine Dreiviertelstunde backen. Dazu ißt man Spargelkartoffeln (lange, dünne Kartoffeln) und trinkt Rotwein oder Bier. Und hinterher? Na, was wohl: einen Aquavit!

Die wohl bekannteste fünische Spezialität ist jedoch der »fünische Räucherkäse« - im Leinensack geräucherter Quark. Dazu gibt es im Restaurant »Rosengarten« Schwarzbrot, große, frische Kapern, Tomaten, Zwiebeln und grünen Salat. Dazu empfiehlt der Küchenchef einen guten französischen Rotwein - oder ein Bier!

»Hier im Plaza gibt es vorwiegend französische Küche«, sagt Møller-Kristensen. Der Küchenchef variiert daher die traditionellen fünischen Spezialitäten oft ganz erheblich mit französischem Esprit: So verrührt er beispielsweise den Rauchkäse mit Sahne und serviert ihn zum gebeizten Lachs. Eine echte Delikatesse!

- Hotel Plaza Odense, Restaurant *Rosenhaven, Osterstationsvej 24*, 5000 Odense C. Tel. 6611 7745

Die fünische Hauptstadt hat eine Vielzahl von weiteren hervorragenden Wirtshäusern und Restaurants. Ausnahmsweise möchte ich Ihnen noch zwei Adressen besonders empfehlen: »Den Grimme Ælling« in der Hans Jensen Stræde 1 (Tel. 6591 7030) und »Frank A« in der Jernbanegade 4 (Tel. 6612 2757). Im »Häßlichen Entlein« können Sie sich für umgerechnet 25 Mark nach einer anstrengenden Radtour am »Abenteuerbuffet« richtig sattessen. Zur Auswahl stehen verschiedene Fleischsorten, Salate und Beilagen - soviel Sie mögen. Danach empfehle ich Ihnen noch einen Besuch im »Frank A«, für mich das urigste Wirtshaus Odenses, wenn nicht Fünens, wenn nicht sogar Dänemarks!

i Touristbureau: Rådhuset, 5000 Odense C, Tel. 6612 7586
Vandrerhjem: Kragsbjergvej 121, 5230 Odense M, Tel. 6613 0425
Camping: Odensevej 102, 5260 Odense S, Tel. 6611 4702

Tagestour südlich von Odense

Odense - Fynske Landsby - Dalum - Nørre Lindelse - Arslev - Davinde - Tving - Odense (58 Kilometer)

Sollten Sie Ihre Tagestour bei der Jugendherberge beginnen, fahren Sie zuerst den Vissenbjergvej nach rechts und biegen dann noch zweimal rechts ab, bis Sie auf die Hauptstraße Munkebjergvej stoßen. Nun brauchen Sie nur noch geradeaus in westlicher Richtung zu fahren, bis Sie an den Fluß *Odense Å* kommen. Hier beginnt der idyllische Park *Fruens Boge*, und hier finden Sie auch ein altes Bahnhofsgebäude aus dem Jahre 1876. Am Bahnhof zeigen Ihnen Wegweiser, wie es weiter geht: zum *Fynske Landsby* (das Fünische Dorf) 0,9 Kilometer. Vom Bahnhof fahren Sie erst am Fluß entlang, dann geht es links über eine malerische Holzbrücke und wenig später sehen Sie schon unter riesigen Bäumen den großen Parkplatz mit dem Besucherverkehr.

Das fünische Dorf
Im Gegensatz zu vielen anderen Freilichtmuseen bildet das *Fynske Landsby* ein geschlossenes Ganzes - ein zeitlich und geographisch abgeschlossenes Dorf, jedoch mit der ganzen Breite der Baukultur, die Fünen und die umliegenden Inseln im 18. und 19. Jahrhundert prägte. Diese »Ganzheit« soll auch durch die Auswahl des Inventars und der Einrichtungen, die Anwendung alter Arbeitsverfahren in der Landwirtschaft und bei der Anlage der Gärten und Anpflanzungen mit alten Baumarten und Büschen bewahrt werden.

Fynske Landsby

Der Errichtung lag die Absicht zugrunde, die vom Untergang bedrohten ländlichen Gebäude zu bewahren und ein Dorf nachzuempfinden, wie es war, bevor die Mechanisierung das Leben auf dem Land entscheidend veränderte. 1850 kam es zu einem Umbruch auf dem Lande. Agrarreformen wurden durchgeführt, die Dorfgenossenschaften aufgehoben, Höfe ausgesiedelt. Die Landwirtschaft erlebte eine Hochkonjunktur. Die hohen Erträge führten zu steigenden Investitionen in neue Geräte, neue Fruchtarten - und nicht zuletzt zu neuen Gebäuden.

Fünf Jahre lang wurden ausgewählte Höfe, Häuser und Mühlen vermessen und fotografiert. Dann wurden sie äußerst sorgfältig in ihre Bestandteile zerlegt. Alle Bauhölzer, jeder Stein, alle Türen und Fenster wurden numeriert und Stück für Stück zum Gelände des fünischen Dorfes gebracht. Hier wurden die Gebäude so genau wie möglich errichtet - krumm und schief, wie sie waren. Umbauten, die später als in der Mitte des 19. Jahrhunderts erfolgt waren, wurden entfernt. 1946 waren die ersten acht Gebäude fertig - das *Fynske Landsby* öffnete seine Tore für die Öffentlichkeit. Seither hat sich die Zahl der Gebäude auf 25 erhöht. In einigen der Häuser wird der Einsatz der historischen Geräte praktisch vorgeführt.

- *Den Fynske Landsby:* Sejerskovvej 20, 5260 Odense S, von April bis Oktober täglich von 10 bis 16 Uhr, von Juni bis August bis 19.30 Uhr geöffnet. Vom 24. Oktober bis zum 31. März hat das Museumsdorf nur an Sonn- und Feiertagen von 10 bis 16 Uhr geöffnet. Im Sommer finden hier regelmäßig Vorführungen statt. Informationen erhalten Sie unter Tel. 6613 1372.

Nach dem Museumsbesuch steuern Sie Kloster *Dalum* an. Zuerst fahren Sie die Straße zum Bahnhof *Fruens Boge* zurück, dann ein Stück geradeaus weiter bis zum Dalumvej. Hier befinden Sie sich auf der Radroute mit der Kennzeichnung 65, der Sie aus der Stadt heraus folgen. Dort, wo die Route 65 nach rechts abbiegt, liegt linker Hand - etwas zurückversetzt - das Nonnenkloster *Dalum.*

Bis zur Reformation befand sich das gesamte Gebiet südlich von Odense im Besitz der Kirche, und das Kloster *Dalum* bildete in dieser Zeit das Machtzentrum der Gegend um Odense. Heute beherbergt das Kloster eine Nachsorgeklinik und ein Altersheim und wird von stets gutgelaunten Nonnen des Benediktinerordens geführt. Falls Ihre Radfahrgruppe nicht zu groß ist, können Sie an der Pforte klingeln und nach Schwester Hedwig fragen. Sie ist gern bereit, einige Anlagen des Klosters zu zeigen. Besonders interessant ist der Obstkeller. »Hier war früher ein Kerker eingerichtet«, erklärt Schwester Hedwig, »dort richtete König Christian einige seiner Widersacher persönlich hin.«

Aus der Stadt heraus fahren Sie die Route 65. Ein großer Reitplatz liegt zu Ihrer Rechten, und aufgestellte Bänke und Tische laden zu einer Pause ein. Und vielleicht können Sie dem örtlichen Reitverein, beim Springtraining zuschauen. Kaum haben Sie die Stadt hinter sich gelassen, befinden Sie sich inmitten der schönsten Natur. *Stenlose Skov* heißt der kleine Wald, durch den Sie radeln. Der kalkreiche Humusboden sorgt hier für eine interessante Vegetation. Seltene Baumarten und Büsche (z.B. der Kellerhals) wachsen hier, und im Frühling sprießt die blaue Anemone - ebenfalls keine alltägliche Waldblume.

In Svenstrup verlassen Sie die Route 65 und biegen links ab nach Dommestrup und Nørre Lyndelse. In Lyndelse fahren Sie rechts und folgen der Straße bis an den südlichen Ortsausgang. Hier liegt das Haus, in dem Carl Nielsen seine Kindheit verbrachte. Das Haus am Odensevej 2A ist als Museum eingerichtet und vom 1. Mai bis zum 1. Oktober von 11 bis 15 Uhr geöffnet. Hinter dem Nielsen-Haus fahren Sie zweimal rechts, und Sie befinden sich auf dem Weg nach *Søby Søgård.* Am Eingang des mächtigen Gutshofes an dem See *Søby Sø* werden Sie mit Sicherheit angehalten, denn dieser Gutshof ist heute ein Gefängnis - das erste und einzige Jugendgefängnis Dänemarks. Aber wie kommen Sie an den See? Ganz einfach: Sie fahren fast vier Kilometer um die riesige Anlage herum und dann am Schild Allestedt (das nach rechts zeigt) biegen Sie links ab. So treffen Sie auf den *Søby Sø* und haben einen wunderschönen Blick auf die herrschaftlichen Gebäude inmitten einer traumhaften Umgebung. Ob das die einsitzenden Jugendlichen auch so empfinden?

Ihre weitere Tour führt Sie durch Nørre Søby zum ausgeschilderten Palleshave und weiter nach Freltofte. Sie durchfahren ein weites Moorgebiet, das aber stellenweise als Weidefläche dient. Dazwischen stehen einzelne Bauernhäuser und Wirtschaftsgebäude, die alle einen Schönheitspreis verdient hätten. Aber hier auf Fünen sind schöne Häuser und saubere, adrette Höfe eine Selbstverständlichkeit und die Augen gewöhnen sich (zu) schnell daran. Am südlichen Ortseingang von Freltofte folgen Sie rechts dem Schild *»Arslev 3 km«* und fahren ein kleines Stück auf der Fahrradroute 55 in Richtung Nordwesten.

Am Ortseingang von Arslev biegen Sie rechts ab, fahren über einen Bahnübergang, an einer Kirche vorbei und am Ortsende wieder rechts. Gegenüber der neuen Kirche ist *Møllehoj* ausgeschildert, ein Hünengrab aus der Bronzezeit. Aber vorher müssen Sie noch einen Berg erklimmen, denn das Hünengrab liegt 70 Meter hoch. Schon von weitem erkennen Sie den Grabhügel und ein einzelnes Gehöft. Von hier geht es nur zu Fuß weiter, oder Sie schieben Ihr Rad. Der Grabhügel stammt aus der älteren Bronzezeit (1800 bis 1000 v. Chr.). Früher gab es einen Kranz aus Steinen um den Hügel herum, welche die Bauern - wieder einmal - als Fundament für ihre Häuser verwendet haben.

Der nächste Ort, den Sie ansteuern, ist Tårup, umgeben von einem großen Kiesgrubengebiet. Die früher wohl eher flache Landschaft ist inzwischen sehr hügelig mit vielen großen Seen. Das kristallklare Wasser lädt zwar zum Baden ein, aber da sich hier viele seltene Tierarten heimisch fühlen (Kreuzkröten, Blindschleichen, Kreuzottern), sollten Sie sich mit dem Badespaß vielleicht bis zur nächsten Küstenetappe gedulden! Von Tårup geht es direkt nach Davinde, ein schöner Ort mit vielen alten Höfen. Am bekanntesten ist das Dorfthing, das zu den schönsten und am besten erhaltenen Dänemarks zählt. Things sind alte Versammlungsplätze, an denen die Rechtsangelegenheiten des Stammes besprochen wurden. Selbst Entscheidungen über Krieg und Frieden wurden an diesem Ort getroffen. Später kamen hier einmal im Jahr die Bauern zusammen, um ihre Anliegen zu diskutieren. Der Platz ist von 13 großen Findlingen umkränzt. Der Lindenbaum in der Mitte ist fast 200 Jahre alt und hat die Form eines riesigen Zylinders mit einem abgerundeten oberen Rand. Jedes Jahr am ersten Juli wird der Baum in einer feierlichen Zeremonie beschnitten. Der Stamm ist von einem großen Mühlstein umgeben, der auf drei Steinpfeilern ruht. Es wird nicht mehr lange dauern, bis der Stamm so dick angewachsen ist, daß er den Mühlstein sprengen wird!

Entlang der Hauptstraße fließt ein kleiner Bach, der früher eine Mühle angetrieben hat. Vielleicht haben Sie die Mühle heute früh im Freilichtmuseum Fynske Landsby gesehen? Direkt an der Thingstätte steht das Hinweisschild: *Sanderumgård.* Versteckt hinter riesigen Bäumen liegt dieser Herrenhof. Ende des 18. Jahrhunderts wurde ein 24 Hektar großer Park angelegt, der mit Lauben, Tempeln und Pavillonen geschmückt wurde. Zwei der Lauben sind noch übriggeblieben und stehen heute unter Denkmalschutz.

Bei Tving stoßen Sie auf die Fahrradroute 6, der Sie jetzt in Richtung Odense folgen. Vielleicht haben Sie noch Zeit, einen Blick in die Kirche von Fraugde zu werfen, bevor Sie die Autobahn Nyborg/Middelfart überqueren und gemächlich zu Ihrem Ausgangspunkt zurückkehren. Genießen Sie noch einmal die mit viel Sachverstand ausgesuchten, vorzüglichen Radwege, die durch diese Großstadt führen. Ein bißchen neidisch kann man schon werden, wenn man an manche Fahrradwege bei uns zu Hause denkt!

Hauptroute Odense - Bogense - Middelfart

Odense - Hofmansgave - Enebærodde - Engeldrup - Sandagergård - Gyldensten - Bogense - Varbjerg Strand - Strib - Middelfart (94 Kilometer)
Übernachtungsmöglichkeit in Bogense

Von Odense aus gibt es verschiedene Möglichkeiten, nach Middelfahrt zu gelangen: Sie können über die nationale Fahrradroute 62 den direkten Weg nehmen (60 Kilometer) oder auf der Route 35 über Bogense fahren. Sehr zu empfehlen ist jedoch die Route entlang des Odensefjords über Østerballe nach Bogense. Reichen Ihnen die 55 Kilometer als Tagewerk, können Sie in Bogense übernachten. Da die vorherrschende Windrichtung Westen ist, müssen Sie auf dieser Route mit starkem Gegenwind

Odense - Middelfart
FREDERICIA
Erritsø
Røjleskov
Strib
Brogårde
Vejlby
MIDDELFART
Kavslunde
Svenstrup
Gamborg
SVINØ
Nørre Åby
Føns
Rud
Husby
Emtekær
Egholm
BÅGØ
Bågø By
Østerklint
Tvingsbjerg
Sandager
Puge Mølleå
Bogense
Skåstrup Strand
Skåstrup
Varbjerg
Bro
Båring Mark
Båring
Bernderup
Hårslev
Harndrup
Fjeldsted
Ejby
Grønnemose
Gelsted
Årup
Brænde
Skydebjerg
Ørsted
E20
317
303
313
329

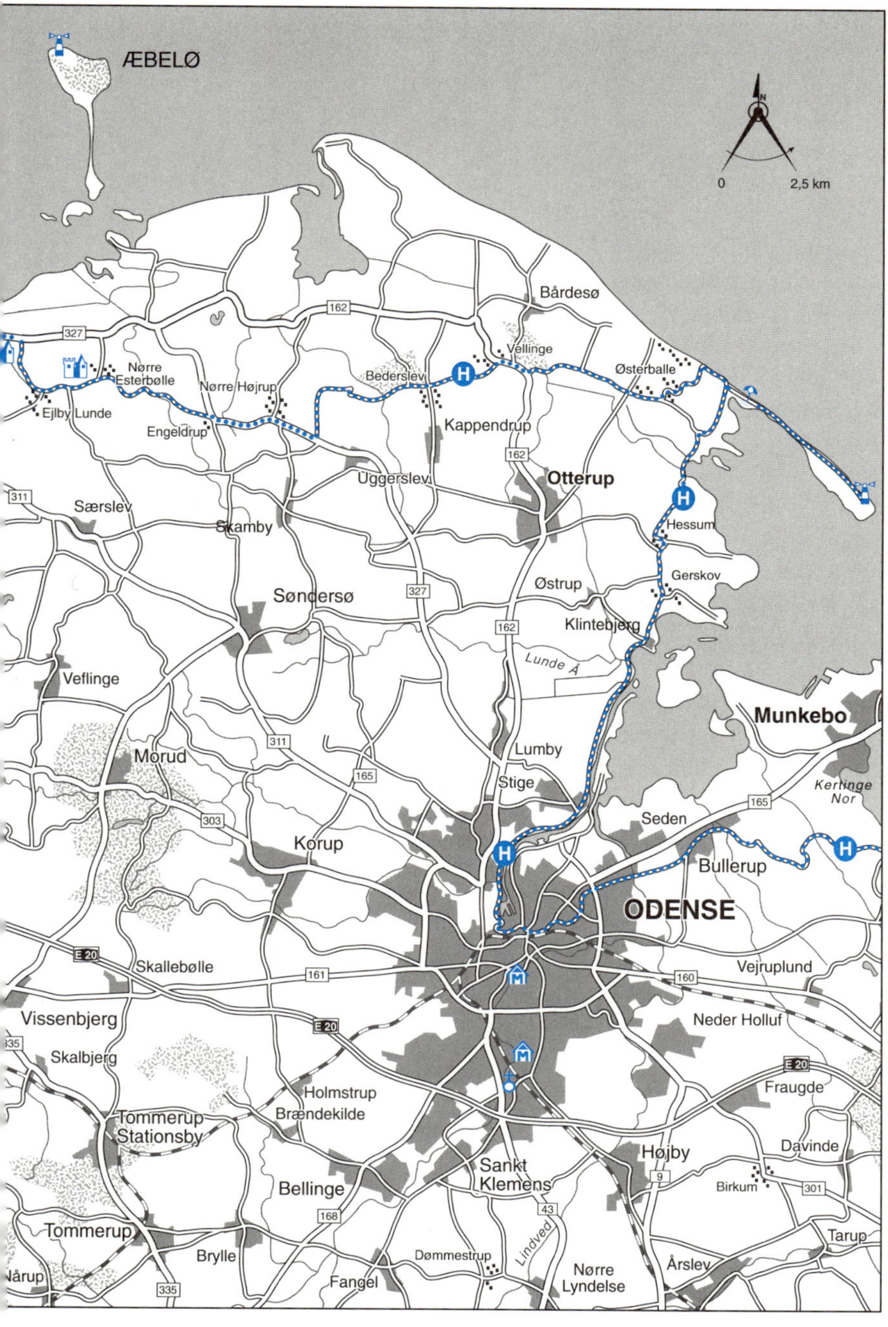
ÆBELØ
0
2,5 km
Bårdesø
Vellinge
Østerballe
Nørre Esterbølle
Ejlby
Lunde
Engeldrup
Nørre Højrup
Bederslev
Kappendrup
Otterup
Uggerslev
Hessum
Særslev
Skamby
Gerskov
Østrup
Søndersø
Klintebjerg
Lunde Å
Veflinge
Munkebo
Lumby
Morud
Stige
Kerteminde Nor
Seden
Korup
Bullerup
ODENSE
Skallebølle
Vejruplund
Vissenbjerg
Neder Holluf
Skalbjerg
Holmstrup
Fraugde
Brændekilde
Tommerup Stationsby
Højby
Davinde
Sankt Klemens
Birkum
Bellinge
Tommerup
Tarup
Lindved
Brylle
Dømmestrup
Nørre Lyndelse
Årslev
Nårup
Fangel
162
327
311
303
165
161
160
E 20
335
168
43
9
301

rechnen. Planen Sie also lieber nur eine kurze Etappe ein, und machen Sie viele Pausen - es lohnt sich, denn es gibt (wie immer auf Fünen) viel zu sehen. Die Route führt von der Küste weg in Richtung Otterup, also nach Südwesten. Sie radeln durch Østerballe und Hasmark und zahlreiche andere Siedlungen und Gehöfte. Immer wieder tauchen Windkraftwerke auf, und Sie spüren förmlich, wie der Wind dort Energie abliefert, während er den Radfahrern, die sich dem Wind entgegenstemmen, diese Energie abverlangt!

Sie verlassen Odense auf der Route 32 entlang des Kanals in Richtung Stige und richten sich dabei nach den Schildern Bogense und Otterup. Am Stadtrand entdecken Sie ein Schild mit dem Hinweis »*Enebærodde 20,5 km*« - Ihr Ziel. Dann fahren Sie ein weites Stück am Odensefjord entlang und erholen sich von dem Trubel der Großstadt. Lassen Sie sich nicht von dem großen Kraftwerk *Fynsvaerk* stören - auch auf dieser von Natur geprägten Märcheninsel braucht man schließlich elektrischen Strom, falls die vielen Windkraftwerke einmal Flaute haben. Stige lassen Sie links liegen und fahren auf dem Deich weiter über Gudskov nach Klintebjerg.

Klintebjerg ist ein altes Fischerdorf, das vor dreihundert Jahren noch eine wichtige Anlaufstelle für den Schiffsverkehr bildete. Vom ehemaligen Hafen haben Sie eine gute Aussicht auf Vigelsø - eine Vogelinsel, wie der Name schon vermuten läßt. Sie gehört zu einem Projekt zur Reetablierung des ehemals reichen Vogellebens in dieser Region. Der Fjord ist ein wichtiger Rastplatz für Zugvögel. Bei Niedrigwasser sieht man häufig tausende von Enten und Stelzvögeln, die im Watt nach Nahrung suchen. Gleichzeitig brüten hier jährlich etwa 10.000 Möwen, Fischreiher, Eiderenten und Schwäne. Am auffälligsten sind die Höckerschwäne, das Wahrzeichen der Insel, die in Scharen bis zu 6000 Vögeln auftreten. Früher gab es über dreißig solcher Inseln in dem mehr als 60 Quadratkilometer großen Fjord, der nur eine mittlere Tiefe von 2,25 Metern hat. Aber im Zuge der Eindeichungen wurden bis auf acht alle Inseln überschwemmt. Auf der Insel Vigelsø gibt es eine Naturschule, zu der von Klintebjerg aus im Sommer Fahrten angeboten werden.

Bei Klintebjerg verlassen Sie den Kanal und biegen links ab in Richtung Gerskov. Schon von weitem sehen Sie die schöne Kirche. Weiter geht die Fahrt durch Hessum und dann über einen Deich, wo eine alte Pumpenmühle steht, zum Herrensitz *Hofmansgave*. Das gelbgekalkte Herrenhaus aus dem 18. Jahrhundert mit den reetgedeckten Dächern ist Eigentum des dänischen Staates. Deshalb sind auch Teile der weiten Anlage für die Öffentlichkeit zugänglich. Ein kleines Museum ist in einem Nebengebäude untergebracht. Auch ein Kuriosum hat das Gut *Hofmansgave* zu bieten: eine kleine Almhütte. Sie wurde von Norwegern aus Dank dafür errichtet, daß sie von *Hofmansgave* aus während der Napoleonischen Kriege mit Lebensmitteln versorgt wurden.

Im Park können Sie einige exotische Bäume bewundern. An der Ostseite der großen Anlage steht ein Schlagbaum mit einem Schild: »Durchfahrt verboten - Radfahren erlaubt« und dem obligatorischen Routenzeichen 32. Aber 1000 Meter weiter geht es rechts ab, und da fehlt das Schild! Wenn Sie weiter geradeausfahren, landen Sie irgendwo in der Botanik. Deshalb aufgepaßt und hier (nach Gefühl) Richtung Küste - also gen Norden - fahren! In Hasmark Strand, einer großen Feriensiedlung am langgestreckten Strand mit hervorragender Bademöglichkeit, endet die Route 32 und geht dann gen Westen in die Route 31 über. Hier können Sie der etwa acht Kilometer langen Halbinsel *Enebaerodde* einen Besuch abstatten. Sie können auch auf dem Campingplatz am nordwestlichen Ende der Feriensiedlung übernachten und den Ausflug auf die »Schlangeninsel« auf den nächsten Morgen verschieben!

Die Schlangeninsel

Enebærodde ist ein altes Ödlandgebiet und die einzige Stelle auf Fünen, wo es einen größeren zusammenhängenden Heidebewuchs gibt. Dazwischen liegen größere Strandwiesen und dichte Schilfrohrsümpfe. Die schmale Landzunge darf nur zu Fuß oder mit dem Fahrrad durchwandert werden. An regnerischen Tagen brauchen Sie aber ein geländetüchtiges Fahrrad. Und wer sich zu Fuß in das Naturparadies aufmacht, sollte festes Schuhwerk anziehen, denn oft sind Geröllstrecken zu überwinden. Am Ende der Halbinsel steht ein großer Leuchtturm. Der Leuchtturmwärter läßt Sie bestimmt nach oben steigen, von wo Sie einen schönen Blick auf den *Kattegat* und den *Odensefjord* haben, die nur durch die 400 Meter breite Meeresenge voneinander getrennt sind. Im Heidekraut und den Wacholderbüschen auf der Halbinsel verstecken sich zahlreiche Blindschleichen, Eidechsen und Kreuzottern. Vielleicht haben Sie ja Glück und entdecken ein solches Reptil - nur hoffentlich nicht unter Ihrem Picknickkorb!

In der Gegend um Ringe Mark liegen große Gärtnereien mit vielen Gewächshäusern. Es lohnt sich, anzuhalten und einen Blick in die Anlagen zu werfen. Gärtner, Landwirte, Bauern, Fischer und Radfahrer haben ja vieles gemeinsam: die Nähe zur Natur, die gesündere Lebensweise,

Am Strand bei Bogense

den körperlichen Einsatz - so sind Sie als Gast bestimmt gern gesehen. Kurz vor dem Herrenhof *Sandagergård* biegen Sie nach rechts auf die Route 35. *Sandagergård* gehört zu den sehenswürdigsten Herrenhoflandschaften Fünens, doch leider sind die Gebäude für die Öffentlichkeit wieder einmal nicht zugänglich. Der Ort unterhalb eines kleinen Waldgebietes wurde schon im 14. Jahrhundert erwähnt. Das klassische, zweiflügelige Hauptgebäude versteckt sich hinter großen, strohgedeckten Wirtschaftsgebäuden aus dem 17. Jahrhundert. Auch die unmittelbar hinter dem Herrenhof liegende Kirche ist malerisch anzuschauen - aber nicht einmal am Sonntagnachmittag geöffnet! Trotzdem empfiehlt es sich, hier zu rasten. Denn von der Kirche aus führt ein wunderschöner Feldweg an den Herrenhofanlagen vorbei hinüber nach *Gyldensten.*

Der Hof der goldenen Steine

Zwei Kilometer weiter geht die Radfahrt entlang der Route 35, dann sehen Sie hinter dem Wald den Gutshof *Gyldensten,* den größten Herrenhof Nordfünens. Das Hauptgebäude aus dem 17. Jahrhundert ist im Stil der Spätrenaissance gebaut und liegt inmitten einer Wallanlage, umgeben von breiten Gräben. Die Wirtschaftsgebäude sind im 18. Jahrhundert ab-

Postboten in Odense

Kein häßliches Entlein dabei ...

Am Kerteminder Hafen

Tänzerinnen in Odense

Odense

Strand bei Bogense

Straßenmarkt - auf Fünen häufig anzutreffen

Assens

gebrannt. Nur zwei große Torbögen sind erhalten. Erstmals erwähnt wurde das Gut im 15. Jahrhundert und hieß damals noch *Enggaard,* auf deutsch »Wiesenhof«. Die Sage erzählt, daß die Leute Jean Huguetan, der *Enggaard* kaufen wollte, warnten, es würde ihn zuviel kosten. »Macht nichts!«, antwortete Huguetan, »ich habe Geld genug, um jeden Stein davon vergolden zu lassen!« Darum nannte man ihn und das Gut fortan *Gyldensten* - (»Goldener Stein«).

Ähnlich wie beim Schloß *Egeskov* wird geweissagt, *Gyldensten* würde in einer Weihnachtsnacht versinken, diesmal nicht im Schloßsee, sondern im Erdboden. Die Gräfin Constance Knuth, die um das Jahr 1800 das Gut bewohnte, war überzeugt, daß sich diese Weissagung erfüllen würde, und verbrachte die Weihnachtstage grundsätzlich auswärts. Tatsächlich passierte am Heiligabend immer etwas Außergewöhnliches auf *Gyldensten.* Einmal entstand ein Kaminbrand, ein anderes Mal zersprang die Hauptwasserleitung auf dem Dachboden und einmal fielen fünf von den 150 Buchen des Schlosses mit einem solch gewaltigen Krach um, daß das Schloß wackelte und sich die Betten verschoben - so steht es jedenfalls auf der Info-Tafel am Schloßtor.

Zu der Grafschaft *Gyldensten* gehörten in früheren Zeiten 300 Pachthöfe. Im vorigen Jahrhundert wurden dann mehrere kleine Inseln mit Deichen verbunden und durch Pumpenmühlen und ein ausgeklügeltes Kanalsystem trockengelegt. Dadurch wurde die landwirtschaftliche Nutzfläche um viele Quadratkilometer vergrößert. Noch immer sind in der offenen Landschaft die alten Pumpen und viele Kanäle zu sehen. Leider kann auch dieser Herrenhof nur von außen besichtigt werden.

Weiter geht die Fahrt in Richtung Bogense. Auf den Wiesen nördlich der Landstraße, die Sie nun entlangradeln, liegen mehr als 600 Hektar eingedeichte Strandwiesen. Das ganze Jahr über sieht man große Vogelscharen, besonders auf den beweideten Wiesen. Drei Kilometer vor Bogense sehen Sie rechter Hand eine mächtige Mühle, die *Stego Mølle.* Ein kleiner Abstecher nach rechts an der Stelle, wo es links nach Harritslev geht, lohnt sich. Denn von der alten Mühle, die früher auf einer Insel lag und mitgeholfen hat, die Wiesen trockenzupumpen, führt eine Straße nach *Bogense* hinein. Wenn Sie der Route 35 folgen, gelangen Sie über die vielbefahrene Hauptstraße in die Stadt.

Bogense

Der Name der kleinsten Stadt Fünens geht auf den Ortsnamen *Bøgenæs* zurück, was soviel heißt wie »buchenbewachsene Halbinsel«. Der freie

Bogense

Zugang zum Meer ermöglichte eine Fährverbindung nach Jütland. In Verbindung mit dem fruchtbaren Hinterland entwickelte sich im 13. Jahrhundert das kleine Fischerdorf zur Stadt. Bekannt war die Stadt für ihre Karotten, die unter der Bezeichnung »Rosinen von Bogense« versandt wurden. Nach der Reformation ging es mit Bogense wieder bergab. Zwei verheerende Stadtbrände und die Schwedenkriege trugen dazu bei, daß die Stadt verkam und allmählich dahinschrumpfte. Nach einer Chronik lebten 1769 nur noch 430 Einwohner in der Stadt.

Trotzdem ist Bogense wirklich sehenswert. Mit seinen bunten, niedrigen Häusern, alten Kaufmannshöfen und dem mit Linden bewachsenen Marktplatz hat das schlichte kleine Stätdchen vielleicht sogar mehr Charme als die üblichen Touristenziele wie Troense oder Ærøskøbing, bei denen man immer das Gefühl hat, die schönen Häuserzeilen mit den zahlreichen Andenkenläden seien nur für deutsche und japanische Touristen herausgeputzt worden. Der schönste Teil der Stadt ist der *Skovbrovej,* der von der Adelgade abzweigt.

Die 1406 erbaute Kirche, die dem heiligen Nikolaus geweiht ist, liegt am Nordwestende des Marktes oberhalb des Campingplatzes. Interessanterweise steht der Turm anders als üblich im Osten. Beachtenswert sind auch die Grabsteine, die entlang der Mauer aufgestellt sind. Sie bestehen aus dem schwarzen, marmorartigen Kalkstein, den man oft in fünischen Kirchen antrifft. Auf dem Grabstein hinter dem Querhauspfeiler sieht man das Bild eines Säuglings, der stramm wie eine Schmetterlingspuppe eingewickelt ist. Und auf dem Grabstein des Bürgermeisters Erik Nielsen (gest. 1500) und seiner Frau ist es nicht nach altem Brauch der Mann, der das Schwert trägt, sondern seine Frau Anne.

- *Touristbureau:* Adelgade 28, 5400 Bogense, Tel. 6481 2044
  Camping: Nordre Havnevej 7, Tel. 6481 1443

Bogense - Skåstrup - Varbjerg Strand - Båring Strand - Kustrup Avlby - Middelfart (33 Kilometer)

Sie haben sich entschlossen, die 33 Kilometer nach Middelfahrt heute in Angriff zu nehmen? Auf der Route 30 nach Middelfart haben Sie fast immer Sichtkontakt zum Wasser, fahren aber teilweise recht hügelige Strecken. Sie verlassen Bogense auf der »Strandpromenade« und fahren etwa zwei Kilometer auf dem Deich. Es ist nur ein schmaler Weg, und bei Gegenverkehr wird es knapp - besonders, wenn Sie und der Entgegenkommende breite Packtaschen haben. Aber dann folgt unterhalb des Deiches eine herrliche Radstrecke entlang der Küste. Sie durchfahren das eingedeichte Gebiet von *Fogense.* Das Land hinter dem Deich liegt teilweise unter dem Meeresspiegel und bildet weite Strandwiesen und Schilfsümpfe. Am Nyhavervej, am Ortsausgang von Hugget, finden Sie eine Caféteria, wo Sie sich noch einmal stärken sollten. Denn mit kleinen Läden oder Einkehrmöglichkeiten sieht es hier im Norden von Fünen entlang der ausgezeichneten Radwege nicht sehr günstig aus. Kein Wunder: Die Zahl der Radwanderer, die dieses Streckenangebot annehmen, ist vorläufig noch klein, so daß sich eine bessere Infrastruktur anscheinend nicht lohnt. Nur da, wo auch Autostraßen die Radroute kreuzen, gibt es hin und wieder eine Einkehrmöglichkeit. Aber das ist halb so schlimm. Sie können ja Verpflegung und Getränke mitnehmen - schönere Rastplätze als hier an der Küste finden Sie sonst wohl kaum!

Bei Skovby Nymark macht die Straße einen Schlenker nach links und führt nach Skåstrup. Hier können Sie einen Abstecher zum drei Kilometer entfernten Haustierpark *Oregård* machen. Auf *Oregård* wird versucht, durch Rückzüchtungen die dänischen Haustierrassen zu erhalten, also

Pferde, Rinder, Geflügel, Schweine, Schafe und Ziegen. Als ich *Oregård* besuchte, war der Haustierzoo leider gerade geschlossen. Die Visite war jedoch auch aus einem ganz anderen Grund interessant.

Nur Gespenster?

Über fünfzig Schlösser, Burgen und Herrenhöfe gibt es auf Fünen. Fast jedes, so sagt man stolz, hat sein eigenes Schloßgespenst und seine eigenen Spukgeschichten. Der dänische Parapsychologe Gorm Benzon beschäftigt sich seit Jahrzehnten mit übernatürlichen Phänomenen. Er veröffentlichte zahlreiche Bücher zu diesem Thema und hat eine eigene Serie im dänischen Fernsehen.

Bühnenreif betritt der Geisterforscher mit zerzaustem Grauhaar und Gelehrtenbrille das Kaminzimmer, wo ich auf ihn warte. Unter jedem Arm trägt er einen Kerzenständer aus weißem Porzellan in Form eines Engels. »Wir brauchen hier immer ein paar kleine Engel!«, sagt der 71jährige mit einem Augenzwinkern und entzündet die Kerzen. »Sie geben dem Raum eine friedliche Atmosphäre.« Drei große Hunde spielen um seine Beine, eine Katze schärft zum wiederholten Male ihre Krallen an einem uralten Orientteppich. »Tiere sind viel sensibler als Menschen und spüren übernatürliche Phänomene viel eher.« »Gibt es hier denn auch Geister?« will ich wissen.

Gorm Benzon lehnt sich in seinem Ohrensessel zurück und erzählt: »Vor vier Jahren arbeitete ich spätabends hier am Kamin und sortierte Zeitschriftenartikel. Plötzlich saß da eine alte Frau - im Sessel rechts neben Ihrem.«

Ich rutsche etwas weiter nach links. »Wie sah sie aus?«

»Wie mit Kreide auf eine Tafel gezeichnet. Ich glaubte zu träumen, weil ich auch schon sehr müde war. Ich stand auf und rieb mir die Augen. Aber sie saß immer noch da. Dann löste sich die Erscheinung auf. Helle Dreiecke und Vierecke wirbelten in der Luft, fielen als Staub auf den Boden und verschwanden. Dann bewegte sich der Zeitschriftenstapel um einen halben Meter über den Tisch.«

Auch seine Frau hat den Geist im vergangenen Winter gesehen. »Sie lag schon im Bett und schlief. Plötzlich schrie die Katze und sprang zu ihr ins Bett. Eine bleiche alte Frau ging durch das Zimmer und drehte den elektrischen Heizlüfter zur Seite. Dann verschwand die Alte im Schrank. Meine Frau rief nach mir, und ich schaute im Schrank nach. Da hingen nur ein paar Kleider. Dann sah ich nach dem Heizlüfter. Ein Stuhlbein, neben dem das Gerät vorher stand, war angeschmort.« Ein guter Geist? »Kann man denn irgendwie gute und böse Geister unterscheiden?« frage ich den Spukforscher.

»Traditionell unterscheidet man gute weiße Geister, graue - die sind eigentlich weder gut noch schlecht - und böse schwarze«, sagt Gorm Benzon.

»Es gibt sie aber in allen Farben und auch böse weiße und gute schwarze. Darauf kann man sich also nicht unbedingt verlassen.« Es gibt auch viele unterschiedliche Spukphänomene, die für den Beobachter alle gleich aussehen, erklärt der Geisterforscher. Man unterscheide im allgemeinen drei Typen: die einfachste Form übernatürlicher Erscheinungen nennt Benzon »Fata Morgana der Zeit«. »Ähnlich wie Luftspiegelungen werden Erscheinungen aus früherer Zeit in die Gegenwart projiziert. Wir können ja auf unterschiedliche Weise Eindrücke konservieren. Warum sollte es nicht auch ohne Hilfsmittel möglich sein?«

Die zweite Form sei der sogenannte »Kirchhofsspuk«: nicht die Seele des Verstorbenen spuke, sondern sein »feinphysischer Sinn«. Dieser sei verantwortlich, wenn sich plötzlich Möbel verschieben, Blumenkübel herunterfallen, Lampen angehen und so weiter. »Spuk dieser Art dauert bis zu 20 Jahre«, sagt Benzon. Erst die dritte Erscheinungsform wären die eigentlichen Geister. »Echte Persönlichkeiten, die auf Erden ihre Ziele nicht erreichen und sich nicht verabschieden konnten, werden davon umgetrieben«, berichtet der Geisterexperte. »Warum weiß natürlich niemand. Vielleicht haben sie eine Botschaft für uns?«
Wieso sieht gerade ein Mann wie Gorm Benzon, der sich seit Jahrzehnten mit dieser Materie beschäftigt, solche Erscheinungen - die meisten Menschen aber nicht? »Alle Menschen könnten solche übernatürlichen Phänomene beobachten«, sagt er. »Manche haben dafür vielleicht eine Gabe. Aber möglicherweise lassen es andere einfach nicht zu?« Ich frage den Geisterforscher, wie denn ein Leser meines Reiseführers eine übernatürliche Erscheinung erkennen kann, wenn er oder sie sich entscheidet, eine Nacht in einem Schloßhotel zu verbringen. »Sie können meist eine Temperaturänderung spüren. Messungen in Spukschlössern haben eine plötzliche Abkühlung um bis zu zehn Grad ergeben«, erklärt Benzon. »Der Grund: Geister brauchen Energie, um sich zu materialisieren. Diese ziehen sie dann aus der Umgebungswärme.«
»Muß man sich denn vor Geistern fürchten, wenn man tatsächlich einmal einem begegnet?«

»Ganz bestimmt nicht«, sagt Gorm Benzon mit einem gutmütigen Lächeln. »Es sind doch nur Gespenster. Ich habe mehr Angst vor einem Steuerbeamten als vor einem bösen Geist!«
Einige Tage nach diesem aufschlußreichen Gespräch bin ich im alten Schloß *Sandholt* in der Nähe Fåborgs abends zum Essen eingeladen. Natürlich frage ich nach dem Geist, der hier angeblich spuken soll - schenkt man den Büchern des »Spukologen« Gorm Benzon Glauben.

»Sind Sie denn schon einmal der 'blauen Lady' begegnet?" frage ich die Schloßherrin. Plötzlich fallen die blauen Kerzen in dem Leuchter auf der feierlich gedeckten Tafel um. »Wohl der Wind«, sagt einer der Gäste, steckt die Kerzen wieder fest in den Leuchter und zündet sie an. »Oder es war die blaue Lady«, sage ich. Alle lachen. In diesem Moment fallen die Kerzen wieder um. Aber vielleicht war wirklich nur irgendwo ein Fenster auf.

Gemeinsam mit dem Fluß *Storå* mündet die Route 30 wieder ans Wasser. Der Strand von Varbjerg ist wie zuvor Hasmark ein Erholungsgebiet. Hölzerne Stege führen von den Häusern über die idyllische, schilfbewachsene Au. Ein Sandstrand lädt zum Baden oder zumindest zum Sonnenbaden ein. An der Mündung ist ein kleiner Bootshafen angelegt. Nach vier Kilometern erreichen Sie *Båring Strand,* ein weiteres attraktives Badegebiet mit zwei Campingplätzen. Hinter dem Strand fahren Sie vor Kustrup links auf die Landstraße nach Velby und weiter nach Middelfart. Wenn Sie heute noch einen Abstecher zur Halbinsel von Strib machen wollen, finden Sie die Route ab Kustrup unter der Tagestour um Middelfart beschrieben.

Middelfart - Stadt der Tümmlerjäger

1996 wird die Stadt an der Nordwestspitze Fünens ihr 500jähriges Jubiläum feiern. Erstmals erwähnt wird Middelfart in König Valdemars *Erdbuch* aus dem Jahr 1231 als *Mætlefær*, übersetzt »mittlere Fährstelle«. Nördlich davon lag Strib und südlich der Anleger von Fønsøre. Natürlich besaßen auch Assens, Bogense und Horneland zu dieser Zeit Fährverbindungen nach Jütland.

Im Mittelalter prägte die nahegelegene Burg *Hindsgavl* die Geschichte der Stadt. Hier wurde im Jahr 1295 ein Waffenstillstand zwischen dem dänischen und dem norwegischen König vereinbart. Dieser hatte zuvor mit seinen Flottenmanövern die Belte unsicher gemacht. 1685 endete an dieser Stelle der berühmte Landgang des schwedischen Königs Karl Gustav X., der mit seinen Truppen über den zugefrorenen Kleinen Belt von Jütland nach Fünen marschierte. Neun Jahre später wurde die Burg von einer Sturmflut so stark beschädigt, daß man beschloß, sie abzureißen und an anderer Stelle wieder aufzubauen.

Auf dem Fischmarkt *(Fisketorvet)* vor der Kirche steht der Tümmlerbrunnen, ein Geschenk der Carlsberg-Stiftung aus dem Jahr 1957. Der Brunnen des Bildhauers Hans Olsen soll an die Zeit erinnern, als Middelfart noch die Stadt der Tümmlerjäger war. Neben der Fährschiffahrt nach Jütland war die Jagd auf den kleinen Delphin in den angrenzenden Gewässern die Haupteinnahmequelle der damaligen Bevölkerung. Der Tran wurde zur Beleuchtung verwendet. Als man gegen Ende des 17. Jahrhunderts in den dänischen Städten Straßenlaternen einführte, benutzte man dazu Tümmlertran. Spritzend und flackernd müssen die Lampen geleuchtet haben! Das Fleisch und die Eingeweide der Tümmler verkaufte man als Köder an die Fischer an der Küste Jütlands, die Knochen wurden als Kalkdünger an die Bauern verkauft. Oft kochten die Jäger selber zu Hause den Tran aus. Der Gestank, der durch die Straßen wehte, war unerträglich. Erst zu Beginn des 19. Jahrhunderts zentralisierte man die Tranproduktion und baute 1827 in der Nähe der Stadt eine große Trankocherei.

Aus der Satzung der Gilde der Tümmlerjäger geht hervor, daß eiserne Disziplin verlangt wurde. Nachlässigkeit beim Fang oder schlechte Wartung der Geräte galten als das schlimmste Vergehen. Alle Strafen wurden in Bier bezahlt. So kostete es ein achtel Faß Bier und den Fanganteil, wenn ein Mitglied der Jagd fernblieb. Solidarität war bei den Fangfahrten lebenswichtig. Allerdings durften die Sünder mithelfen, die Strafe zu konsumieren! Als Petroleumlampen aufkamen, gab es für den Tümmlertran keinen Bedarf mehr. In Middelfart wurde 1887 die letzte Tranlampe gelöscht.

An der gleichen Stelle, an der heute der Tümmlerbrunnen steht, stand früher die »Fraueneiche«. Sie wurde 1915 anläßlich der Einführung des Frauenwahlrechts gepflanzt. Das Wahlrecht blieb, die Eiche ging leider ein. Doch nach vielen Protesten wurde 1989 auf dem kleinen Marktplatz wieder eine neue »Fraueneiche« gepflanzt.

St. Nikolai Kirche

Als ich die *St. Nikolai*-Kirche von Middelfart betrete, kriecht - der Sommerhitze zum Trotz - eine Gänsehaut über meinen Rücken. Bunte Blumensträuße liegen auf dem Boden der Kirche verteilt - eine Beerdigungsfeier hat vor kurzer Zeit stattgefunden. Der Organist der Kirche spielt den »Ritt der Walküren« von Richard Wagner. Virtuos greift er in die Tasten der Orgel. Machtvoll hallen die Töne in den gekalkten Gewölben der Kirche wider. Ich öffne vorsichtig eine der kleinen hölzernen Türen zu den Kirchenbänken, setze mich und lausche. Der Organist der Kirche, Niels Anker-Welding, übt für ein Konzert. Sein nächstes Stück: »Toccata in D-moll« von Johann Sebastian Bach. Im Laufe des Sommers finden in der Kirche zahlreiche Konzerte statt. Die Termine erfahren Sie beim Fremdenverkehrsamt. Veranstalter ist der einheimische Musikverein zusammen mit dem Gemeinderat. Ein bewegendes Erlebnis!

Die *St. Nikolai*-Kirche wurde im 13. Jahrhundert, wie die meisten dänischen Kirchen zu dieser Zeit, im romanischen Stil errichtet. Im Laufe der Zeit wurden die Rundbögen in gotische Spitzbögen umgebaut. Hundert Jahre nach dem Bau kamen der Turm und die Kapelle hinzu. 1475 erhielt die Kirche die Genehmigung, durch den Verkauf von Ablaßbriefen Geld für einen größeren Umbau zu beschaffen. Man vermutet, daß das dreigeteilte Schiff von diesem Geld errichtet wurde, danach die Gewölbe und zuletzt im Jahre 1667 die Kirchenvorhalle.

Drei schöne Modellschiffe hängen von der Kirchendecke herab. Die »Neptun« wurde 1845 von der Tümmlerzunft geschenkt, bevor diese aufgelöst wurde. Das zweite Schiff war ein Geschenk von Middelfarter Bürgern, das letzte ist ein Geschenk der Gedenkzunft der Tümmlerjäger.

Walkieferknochen in Middelfarts Kirche

Über dem Westportal erinnern vier große Kieferknochen eines Wals samt einer Knochenplatte, die vom Fang des Wals im *»Medelfar-Sund«* im Jahr 1603 berichtet, an die Zeit der Walfischfänger. Keine andere Kirche Dänemarks kann entsprechende Zeugnisse des Walfangs in dänischen Gewässern nachweisen.

Vom Fischmarkt und der Kirche führen enge und gewundene Straßen durch die Stadt: Smedegade, Gamle Vestergade und Knorregade sind reich an alten, idyllischen Häusern. In der Smedegade 5 liegt im Hinterhof des schmucken Fachwerkhauses die »Galerie 5«. Hier können Sie wechselnde Ausstellungen mit Gemälden, Graphiken und Keramiken in neueren Kunststilarten ansehen.

- *Galerie 5:* Smedegade 5, donnerstags bis freitags von 15.30 bis 17.30 Uhr, am Wochenende von 13 bis 16 Uhr geöffnet. Tel. 6441 5924

Middelfarts gute alte Zeit

Das Middelfarter Museum im alten Poshof (*Gamle Postgård*) in der Algade beherbergt eine interessante Ausstellung über die alte Kleine-Belt-Brücke. Die Kleine-Belt-Brücke war die erste große Brücke Dänemarks und bei der Einweihung im Jahre 1935 eine Sensation. Die Ausstellung im ersten Stock erzählt von der Geschichte der Brücke, den neuen Baumethoden und dem Leben der Tausenden von Brückenarbeitern, die hier damals zu einer Zeit großer Arbeitslosigkeit angesiedelt wurden.

In der Algade 4 finden Sie eine Ausstellung über die dänische Rettungsorganisation Falck, daneben schöne alte Kamine der Middelfarter Traditions-Firma Hess. Das alte Museum in der Brogade 8, das sogenannte *Henner Friisershus*, war bei meinem Besuch im Sommer leider wegen Umbau geschlossen. Hier findet man normalerweise eine der besten Hütesammlungen Dänemarks und eine Auswahl kitschiger englischer Porzellanhunde, die man auch überall in den Fenstern der alten Häuser stehen sieht. Auch von außen ist es interessant. Das zweistöckige Giebelhaus wurde vermutlich 1575 aus solidem Eichenholz errichtet. Im unteren Stockwerk stehen die Docken (senkrechte Balken) so dicht, daß sie manchmal breiter sind als die Mauerfüllungen!

- *Middelfart Museum:* Algade, geöffnet vom 30. Mai werktags von 14 bis 17 Uhr und vom 1. Juli bis 31. August von 11 bis 17 Uhr. Tel. 6441 4741

Die *Gamle Vestergade* führt hinab zum Hafen. Hier findet Anfang August ein großes Jazz-Festival statt mit einer Street-Parade durch die Straßen von Middelfart. Die genauen Termine erfahren Sie beim Fremdenverkehrsbüro.

ℹ Touristbureau: Havnegade 10, 5500 Middelfart, Tel. 6441 1788
Camping: Søbadvej 10, Tel. 6441 5542

Hindsgavl
Die alte Königsburg aus dem 12. Jahrhundert blickt auf eine bewegte Vergangenheit zurück und dient heute als Hotel und Tagesstätte. Der Schloßpark, die Gärtnerei und der größte Teil der Halbinsel stehen für Besucher offen. Sie könnten theoretisch sogar mit dem Fahrrad durch die herrlichen Anlagen fahren, sollten aber mit Rücksicht auf die Gäste lieber zu Fuß gehen. Wenn Sie Glück haben, ist sogar das (private) Museum geöffnet, das in einem Nebengebäude untergebracht ist. Die Öffnungszeiten erfahren Sie nicht über die Touristinformation von Middelfart, sondern direkt über das Hotel. Die Middelfarter Bürger scheinen richtig musikbegeistert zu sein, denn auch hier auf dem Schloß finden im Sommer klassische Konzerte statt. Hunderte von Zuschauern nehmen selber Picknickkörbe und Decken mit, um am ersten Sonntag im August auf dem Rasen vor dem Schloß ein musikalisches und kulinarisches Fest zu feiern.

Wenn Sie genügend Zeit mitgebracht haben und sich Ihre Beine vom Radfahren etwas erholen wollen, spazieren Sie einmal vom Schloß zum 15 Meter hohen Burghügel, wo noch einige Ruinen der alten Burg zu finden sind. Oder Sie wandern den zwei Kilometer langen Küstenpfad nach *Galsklint* und über Waldwege zurück nach *Hindsgavl.*

- *Hindsgavl Slot:* Hindsgavl Allé, Tel. 6441 8800

Tagestour zum Røjle Klint

Middelfart - Kavslunde - Avlby - Kustrup - Røjle Klint - Strib - Middelfart (29 Kilometer)

Sie verlassen Middelfart in Richtung Skrillinge und fahren nach Svenstrup Skole. Hier können Sie links abbiegen und eineinhalb Kilometer auf der Route 70 nach Kavslunde fahren. Dort biegen Sie erneut links ab und überqueren die Landstraße und die Autobahn nach Odense. In *Avbly* biegen Sie rechts ab und fahren ein kurzes Stück auf der Landstraße, bis links eine schmale Straße nach Kustrup führt - vielleicht kennen Sie diese Ecke, wenn Sie auf der beschriebenen Route aus Bogense gekommen sind! In Kustrup fahren Sie links, dann münden Sie wieder auf die Route 30, die um die Halbinsel von Strib führt.

Ab Vejlby haben die flachen Strandwiesen dann ein jähes Ende. Wenn Sie bisher schon fast vergessen haben, wo Ihre Gangschaltung sitzt, heißt es jetzt tüchtig in die Pedale zu treten: die Eiszeit hat hier durch die Bewegung des *Nordosteises* die kuppelförmige Halbinsel *Røjle* zusammengeschoben und steile Hügel hinterlassen. Erdbeerfelder und Himbeersträucher zur Rechten, Apfelbaumplantagen zur Linken sind nicht nur zur Blüte- und Erntezeit attraktiv. Zusammen mit den gelben Rapsfeldern, dem weißen Himmel und dem blauen Meer bildet ihr Grün einen herrlichen Kontrast!

Gärtnereien und einige Kunst- und Handwerksgeschäfte unterbrechen die landwirtschaftlich intensiv genutzte Gegend. Hinter Vejlby geht es dann richtig bergauf: die Küste ist hier 40 Meter hoch über dem Meer, und auf dem höchsten Punkt liegt die Kirche von Roljeskov. Die »Bergprüfung« ist dennoch einen Umweg wert: Hier haben sie einen prächtigen Ausblick über den Kleinen Belt und die Küste Jütlands. Sie sehen die neue Beltbrücke, die Fünen mit dem Festland verbindet. 1970 wurde die 1700 Meter lange Brücke für den Verkehr freigegeben. Die Fahrbahn liegt 42 Meter über dem Meeresspiegel, und die Brückenpfeiler haben eine stattliche Höhe von 120 Metern. Sie gehört damit zu den größten Bauwerken Dänemarks.

Ein Stückchen weiter auf der Fahrradroute 30 und Sie sehen ein Schild: *»Rojle Klint«*. Sie biegen rechts ab, fahren einen halben Kilometer und befinden sich am Anfang eines der interessantesten Ausflugsziele auf Fünen. Hier erhebt sich die acht Kilometer lange Steilküste über das Meer. Der Katrinebjergvej führt zum höchsten Punkt der Steilküste, der sich 71 Meter über dem Meer befindet. Bei Regenwetter ist jedoch Vorsicht angesagt: Manchmal kommt es vor, daß Teile der Steilküste ins Meer rutschen. Sie besteht aus weichem Ton, der vom Wasser aufgeweicht wird und seine Struktur nicht mehr halten kann. Im Sommer 1994 ist auf Seeland nach einem starken Regen ein ähnlicher Küstenabbruch weggerutscht - eine Touristin wurde getötet.

Nach diesem Abstecher fahren Sie zurück zur Route 30, biegen rechts ab und fahren weiter nach Strib. Einst war der Ort ein wichtiger Fährhafen. Nach der Eröffnung der alten Beltbrücke im Jahre 1935 wurde der Fährverkehr mit einer einzelnen Fähre noch bis ins Jahr 1970 aufrechterhalten. Wenn Sie genug Zeit mitgebracht haben, biegen Sie am Strand von Strib rechts ab und besichtigen den 21 Meter hohen Leuchtturm *Strib Odde.* Der 21 Meter hohe Turm stammt aus dem Jahre 1900. Weiter fahren Sie durch den *Starvby*-Wald und erreichen schließlich Middelfart. Dort geht die Route 30 in die Route 6 über, die über die Kleine-Beltbrücke nach Jütland führt. Sie fahren unter der neuen Beltbrücke zum Anleger *Kongebrogarden.* Weiter geht es durch dichten Stadtwald, einen kleinen Berg hinauf und ein Stück der vierspurigen Ausfallstraße zurück nach Middelfart.

Hauptroute Middelfart - Assens

Middelfart - Gamborg - Wedellsborg - Sandager - Assens (43 Kilometer)

Weiter geht die Fahrt entlang der Route 70. Sie verlassen Middelfart nach Süden in Richtung Assens über den Vestre Hougvej. Vorbei an dem Yachthafen und einem Golfplatz erreichen Sie den kleinen Ort Svenstrup, wo Sie die Bahnlinie Middelfart-Odense überqueren. Wenn Sie schon auf der Tagestour links nach Kavslunde abgebogen sind, können Sie auch auf der Landstraße weiterfahren - damit ersparen Sie sich das gefährliche Linksabbiegen! Ihr nächstes Ziel ist Gamborg und der *Gamborg Fjord.* Bis vor wenigen Jahren gab es hier ein blühendes Fischereigewerbe, und eine Zeitlang hatte der Fjord große Bedeutung als Zentrum der Tümmlerjagd. Bis zu 4.000 Tümmler wurden jährlich in den engen Fjord hineingetrieben, wo sie dann leicht zu fangen waren.

Die Insel vor Gamborg, Svinø, heißt übersetzt tatsächlich »Schweineinsel«. Sie verdankt ihren Namen natürlich dem Tümmler, der - wie Sie wissen - auf dänisch »Meerschwein« heißt. Svinø ist mit Fünen durch einen schmalen Damm verbunden. Auf der Insel liegen ein Campingplatz und ein kleiner Bootshafen. Ein kleiner Rastplatz am Straßenrand lädt zum Verschnaufen ein. Auch das Durchqueren der kleinen Insel sollte mit Muße erfolgen, denn es ist eine Naturidylle, wie man sie sogar auf Fünen selten findet. Nach eineinhalb Kilometern verlassen Sie die Insel bereits wieder und fahren hinter dem Wald von Ronæs in den gleichnamigen Ort. Dort können Sie noch einmal den Tümmlern gleich im Fjord baden, bevor Sie *Fønskov* passieren.

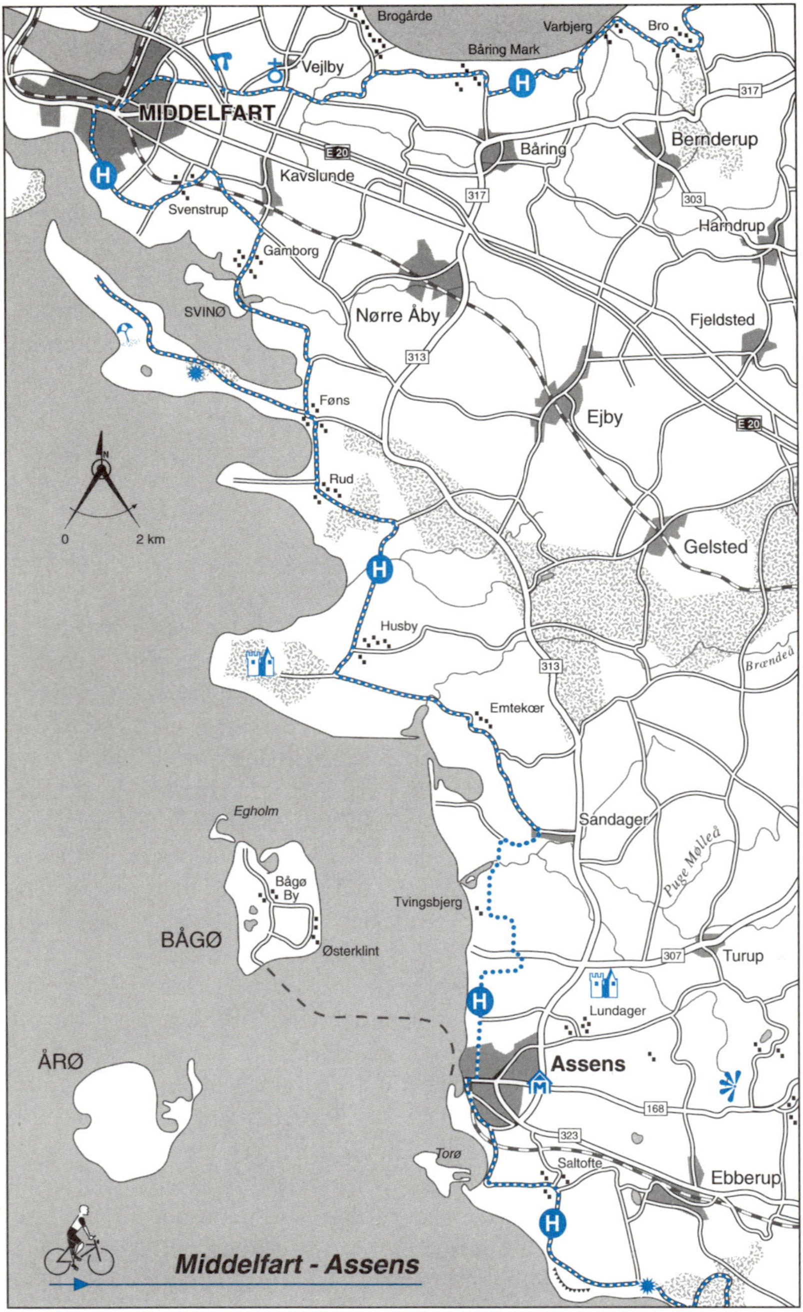
Brogårde
Varbjerg
Bro
Båring Mark
Vejlby
MIDDELFART
317
E20
Båring
Bernderup
Kavslunde
Svenstrup
317
303
Harndrup
Gamborg
SVINØ
Nørre Åby
Fjeldsted
313
Føns
Ejby
E20
N
Rud
0
2 km
Gelsted
Husby
313
Brændeå
Emtekær
Sandager
Egholm
Puge Mølleå
Bågø By
Tvingsbjerg
BÅGØ
Østerklint
307
Turup
Lundager
ÅRØ
Assens
168
323
Torø
Saltofte
Ebberup
Middelfart - Assens

Wedellsborg

Die weit in den Kleinen Belt hineinragende Halbinsel erhielt ihren Namen aufgrund des Waldbewuchses, der jedoch im 17. Jahrhundert nahezu abgeholzt wurde. Wenn Sie die zehn Kilometer lange Strecke bis zur Nordwestspitze der Landzunge nicht scheuen, können Sie - fast allein - eine typische Küstenlandschaft mit vielen Strandseen erkunden, die ein reiches Vogelleben bietet. Unter anderem machen viele Fischreiher von der Insel Fænø (die größte Fischreiherkolonie Dänemarks) einen Kurzurlaub auf der idyllischen Halbinsel. Da stört es auch nicht, daß es nur wenige Fahrwege zur Küste gibt. Für die letzten drei Kilometer über unbefestigte Kieswege sollten Sie jedoch auf einem Mountainbike sitzen - sonst wird es leicht ungemütlich! Wenn Sie es vorziehen, ein kühles Bad zu nehmen, sollten Sie am Strand von *Fons Vig* anhalten und es den vielen Einheimischen gleichtun, die diesen Strand bevorzugen. Hinter dem Wald von Grevinde biegen Sie rechts ab. Vielleicht fällt Ihnen in Tybrind ein gelbes Fachwerkhaus auf, inmitten von dunkelroten Häusern. Die Bewohner von Fünen lieben kontrastreiche Farbkombinationen, aber hier erleben Sie - jedenfalls im Frühling - eine wahre Farbenorgie: zitronengelb und karminrot die Fachwerkhäuser, blau und weiß der Flieder, dazu das Rot-Weiß der immer präsenten dänischen Flagge!

Allmählich ändert die Landschaft ihren Charakter. Nach breiten Strandwiesen und eingedeichten Fjordgebieten durchfahren Sie nun weitläufige Gutslandschaften. Den dazu gehörigen Gutshof passieren Sie viereinhalb Kilometer später. *Wedellsborg* hat den größten Landbesitz Fünens. Das dreiflügelige Hauptgebäude wurde im Laufe der Zeit mehrmals umgebaut. Aber noch immer sieht man Reste des ursprünglichen Gebäudes aus dem Jahre 1320. Auf die Halbinsel führen einige Wanderwege. Sie können entweder zu Fuß gehen oder besser noch mit dem Fahrrad durch die ausgedehnten Park- und Waldanlagen fahren. Große Weideflächen mit riesigen Bäumen unterbrechen immer wieder die Gutslandschaft auf der Halbinsel, die den Namen des ältesten Adels Fünens führt: *Wedellsborg* Hoved. Und auf den Weideflächen grasen nicht nur braune Kühe und viele Pferde, sondern eine große Herde Rotwild. Empfehlenswert ist auch ein Spaziergang mit einem gemütlichen Picknick am Strand, bevor Sie ihre Radtour fortsetzen.

Nach zweieinhalb Kilometern erreichen Sie die Mündung des *Brænde Å*. Im Autal des längsten Wasserlaufs der Insel findet man einen üppigen Tier- und Pflanzenbestand. Aufgrund des starken Gefälles ist der Fluß sehr sauerstoffreich, so daß hier Lachse ideal leben können. Und im Winter können Sie hier sogar mit etwas Geduld und Geschick (und noch mehr Glück) Eisvögel antreffen!

In Emtekær stoßen Sie auf die Fahrradroute 71 und biegen rechts ab nach Sandager. Von weitem sehen Sie die Kirche von Tanderup, und Sie fühlen sich nach Bayern versetzt: die Kirche trägt einen großen Zwiebelturm! Hinter Sandager geht es einen recht steilen Hügel hoch - und Gott sei Dank auch wieder herunter. Rechter Hand liegt etwas versteckt die Pugenmühle, und der asphaltierte Radweg verwandelt sich in eine unbefestigte, aber gut zu befahrene Sandpiste. Achtung: Bei Tvingsbjerg fehlen einige Routenzeichen 70! Fahren Sie nach Gefühl in südlicher Richtung weiter. Sie kommen automatisch auf den Weg nach Aborg. Dann sind es noch vier Kilometer bis zur Stadt Assens.

Assens - die Stadt des Seehelden

Die bereits um 1200 gegründete Stadt Assens ist hinter Bogense die zweitkleinste Stadt Fünens. Sie hat ihren Namen vermutlich nach den Eschen (*aske*), die im Mittelalter auf der kleinen Halbinsel westlich der Stadt wuchsen, wo heute der Yachthafen und der Campingplatz liegen. Diese Landspitze bot einen natürlichen Schutz und bildete einen idealen Naturhafen. Bis in die erste Hälfte des 19. Jahrhunderts exportierte man hier Korn und Vieh über die Fährverbindung nach Nordschleswig. Als 1864 die Linie eingestellt wurde, kam die Entwicklung zum Stillstand. 1864 nahm die Eisenbahn zwischen Odense und Middelfahrt den Betrieb auf, und Assens wurde weiter ins Abseits gedrängt. Erst zwanzig Jahre später erhielt die Küstenstadt eine Bahnverbindung nach Odense. Nach dem Anschluß Nordschleswigs 1920 an Dänemark wurde der Fährbetrieb nach Årøsund wieder aufgenommen. Assens konnte einen Teil seiner früheren Bedeutung zurückerlangen - nicht zuletzt wegen der großen Zuckerfabrik in der Nähe des Hafens, die zwar in keinem Reiseführer erwähnt wird, aber mit ihren beiden silbernen Silo-Türmen das Bild der Stadt unübersehbar dominiert.

Radwanderer treffen sich abends in der schönen Jugendherberge oder auf dem Campingplatz neben dem Yachthafen. Dort gibt es auch einen Imbiß, einen kleinen Supermarkt und eine Cafeteria mit Terrasse zum Strand. Hier können Sie sich bei einem kühlen Tuborg-Bier und Blick auf den Leuchtturm vom Tagewerk im Sattel entspannen. Vielleicht haben Sie auch Lust, einen kleinen Spaziergang um die Landzunge von *Asnæs* zu machen und die einlaufenden Schiffe zu beobachten. Hier ist ein schöner Sandstrand, an dem man auch abends noch gut baden kann.

Das Denkmal am Hafen stellt einen der berühmtesten Seehelden Dänemarks dar - Peter Willemoes. In der Seeschlacht am *Københavns Red* zeichnete sich der damals 18 Jahre alte Seeleutnant durch außergewöhnliche Tapferkeit aus. Aber die Karriere des couragierten Offiziers währte nicht lange. Im Kampf bei *Sjælands Odde* im Jahr 1808 wurde ihm seine Tapferkeit zum Verhängnis: Willemoes wurde bei dieser Schlacht im Alter von 25 Jahren getötet.

Das Geburtshaus des Seehelden

Der 300 Jahre alte Kaufmannshof an der Ecke Østergade und Kindhestegade ist die meistbesuchte Touristenattraktion Assens. Seit 1959 ist hier das Stadtmuseum eingerichtet. Hier wurde Peter Willemoes 1783 geboren. Das Museum enthält zwölf Ausstellungsräume mit Andenken der Seefahrts- und Fährbetriebsgeschichte und spezielle »Gedächtnisstuben« für den jungen Seehelden. Das Geburtshaus des Malers Dankvart Dreyer hat eine direkte Verbindung zum *Willemoesgården.* Dreyer zählt zu den bedeutendsten Malern des »Goldenen Zeitalters«. In der Ausstellung werden einige seiner Werke und Arbeiten von anderen Künstlern aus Assens und Umgebung gezeigt.

Wenn Sie sich für Kulturgeschichte interessieren, sollten Sie auch das Museum *»Mands Samling«* besuchen, das nach dem Schmied Anton Mandsbyrd benannt ist. Hier finden Sie alte Trachten, Möbel, Gläser, Porzellan, Keramik und zwei Schnapsgläser von König Christian XII. Im ersten Stock sind mehrere Werkstätten nachempfunden, darunter einer Schuhmacher-, Böttcher- und Tischlerwerkstatt.

- *Willemoesgårdens Mindestuer:* Østergade 36, im Mai nur an Wochenenden, vom 1. Juni bis 31. August täglich außer montags von 10.30 bis 12 Uhr und 14 bis 17 Uhr geöffnet. Tel. 6471 1190
- *Mands Samling:* Damgade 26, geöffnet vom 20. Juni bis 1. August täglich von 14 bis 18 Uhr oder nach Absprache. Tel. 6471 1803

Die Frauenkirche (*Vor Frue Kirke*) von Assens ist mit einer Länge von über 60 Meter die zweitgrößte Kirche Fünens. Sie wurde zwischen 1400 und 1480 aus einer romanischen Kirche errichtet, deren Reste man heute teilweise noch sehen kann. Beim Umbau wurde auch der eigenartige, achteckige Turm mit der 46 Meter hohen Spitze gebaut, der seitdem als Wahrzeichen der Stadt gilt. Sie können die Kirche täglich von 9 bis 16 Uhr besichtigen. Beachten Sie das schöne Gemälde im Chor, das Christus Offenbarung an die Apostel zeigt. Es stammt vom Assenser Maler Dankvart Dreyer, dessen Bilder Sie schon im Städtischen Museum sehen konnten.

i Touristbureau: Ladegårdsgade 1, 5610 Assens, Tel. 6471 2031
Vandrerhjem: Adelgade 26, Tel. 6471 1357
Camping: Næsvej 15, Tel. 6471 1543

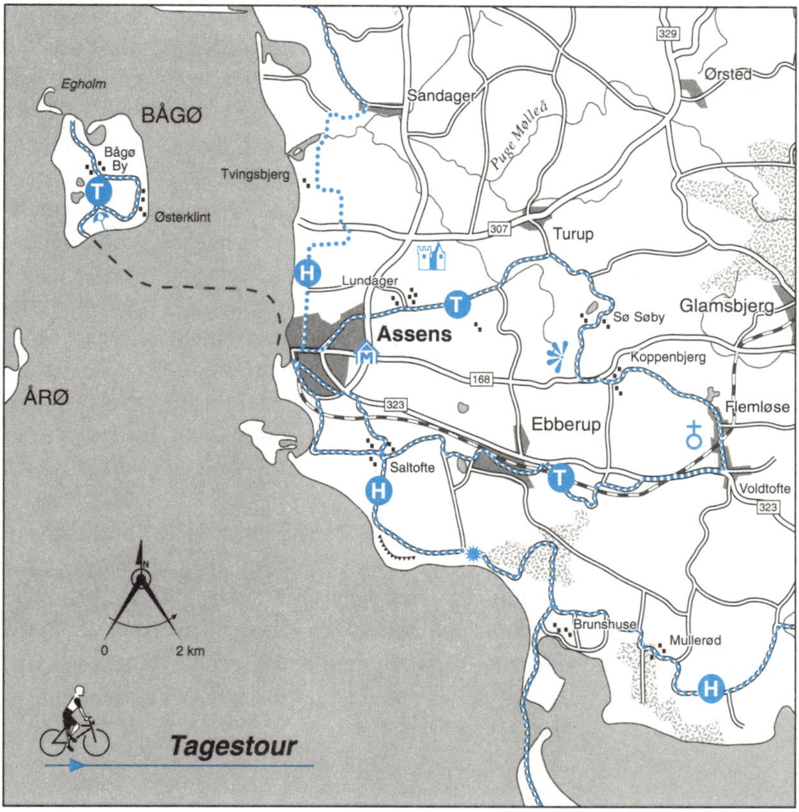

Tagestour auf Bågø

Bågø - die viereckige Insel

Die vorgelagerte Insel *Bågø* bietet sich hervorragend für einen Tagesausflug mit dem Fahrrad an. Hier können Sie zwar keine »Kilometer machen«, aber die Natur genießen, durch das gemütliche Dorf schlendern und den schönen Badestrand an der Südküste besuchen. Obwohl die höchste Erhebung auf der Insel nur acht Meter beträgt, haben Sie einen weiten Ausblick über den Kleinen Belt nach Südjütland, *Wedellsborg* und Westfünen. Viermal täglich geht vom Anleger in Assens eine Fähre zur *firkantet perle,* zur »viereckigen Perle«, im Kleinen Belt. Die Überfahrt dauert etwa eine halbe Stunde.

Wie ihre Schwestern im südfünischen Inselmeer, Lyø und Avernakø, ist auch Bågø in Gefahr auszusterben, weil die Bewohner immer noch die traditionelle Landwirtschaftsgemeinschaft bilden, bei der jeder auf seinen Nachbarn angewiesen ist. Die Insel hat heute 45 feste Bewohner - das ist weniger als die Hälfte der Bevölkerung nach dem Krieg. Fast alle Einwohner haben ihr Heim in der Stadt auf der Mitte der Insel, die zwei Kilometer vom Hafen entfernt liegt. Es gibt keine öffentlichen Transportmittel. Der Weg vom Hafen zur Kirche wurde erst nach der Zusammenlegung mit der Gemeinde Assens 1966 ausgebaut und asphaltiert. Die anderen Straßen der Insel sind Kieswege, die aber auch mit dem Fahrrad gut befahrbar sind. Zwar werden alle geeigneten Gebiete der Insel landwirtschaftlich genutzt, aber der größte Teil der Insel besteht noch immer aus ursprünglichen, breiten Strandwiesen und Mooren mit einem reichhaltigen Vogelleben. Empfehlenswert ist eine Fahrradtour zur Nordspitze der Insel *Sommerodde* mit zwei großen Strandseen und einem idyllischen Blick auf die vorgelagerte Insel Egholm.

Der neue Sportboothafen neben dem Leuchtturm ist im Sommer ein gut besuchter Liegeplatz für dänische und deutsche Yachten. Es gibt aber nur die nötigsten Einrichtungen wie einen Kiosk, ein Toilettenhäuschen und ein Telefon. Sie können auch auf der Insel übernachten. In der Nähe des Leuchtturms besteht eine Campingmöglichkeit. Sie sollten aber vorher Jørn Poulsen anrufen und einen Platz reservieren (Prinsehøsvej 4, Tel. 6471 2505).

Tagestour nach Flemløse

Assens - Brahesborg - Sø Søby - Kirke Søby - Flemløse - Ebberub - Saltofte - Assens (35 Kilometer)

Auf der ausgeschilderten Route 75 verlassen Sie die Stadt in nordöstlicher Richtung. Wenn Sie - wie ich - die Abbiegung nach links verpassen und nach eineinhalb Kilometern auf die Autostraße stoßen, macht das nichts. Links führt Sie ein Radweg bis zur Kreuzung, wo die Route 75 die Autostraße überquert. Sie folgen der Route und fahren durch den Ort Grimstrup bis zum Herrenhof *Brahesborg*. Der mittelalterliche Gutshof *Bispho* wurde Anfang des 17. Jahrhunderts abgerissen und 1638 als das heutige Brahesborg neu errichtet. Initiator war Jørgen Steensen Brahe, der das Anwesen schnell zum größten fünischen Herrenhof ausbaute. Sein ausgeprägtes Besitz- und Gewinnstreben trug ihm den Beinamen »kleiner König von Fünen« ein. 1756 wurde der Hof teilweise umgebaut. Leider kann man wieder einmal das Gebäude nicht besichtigen. Sie sollten aber einen Spaziergang um das Hauptgebäude und durch den großen bewaldeten Park machen, bevor Sie weiterradeln. Besonders im Sommer freut sich der Radler über den kühlen Schatten der Bäume!

In dem kleinen Dorf Gamtofte steht eine große, rote Backsteinkirche, die Sie sich ansehen sollten. Gut zwei Kilometer südöstlich liegen in dem Wald Tokkelund 14 Grabhügel. Leider besteht kein öffentlicher Zugang zu dem Wald. Wer sich aber für die Hügel interessiert, kann den Besitzer um Erlaubis fragen. Am Dorfausgang fahren Sie rechts nach Viesø. Wenn hinter dem Ort die Route 75 scharf links abknickt, fahren Sie rechts in Richtung Sø Søby vorbei am Herrenhof *Søbygård* hinauf zum 500 Meter entfernten *Oksnebjerg*-Stein. Der Gedenkstein erinnert an die Schlacht bei *Oksnebjerg* im Jahre 1535. Von hier oben aus haben Sie eine prima Aussicht über das westliche Fünen und die wellige Hügellandschaft von *Ebberup Bakker.*

Einen Kilometer später mündet die Straße bei Tinggyde auf die Landstraße nach Assens. Sie biegen links ab und einen halben Kilometer weiter gleich wieder rechts nach Kirke Søby. Weiter fahren Sie nach *Flemløse.* Hier finden Sie viele besonders schöne Straßenstände.

Kartoffeln, Eier, Muschelketten - von der Straße

Die Straßenstände sind eine dänische Besonderheit. Lediglich in der Lüneburger Heide findet man in Deutschland einen ähnlichen Straßenverkauf. Auf den dänischen Inseln sind sie besonders häufig vertreten - dort meist an den vielbefahrenen Landstraßen, aber auch an Nebenstraßen und Radwegen. Oft kündigen bereits einen Kilometer vorher Schilder an, was auf Tischen, in Truhen und kleinen Regalen feilgeboten wird: die Bandbreite reicht von Eiern, Kartoffeln, Gemüse, Blumen oder selbstgemachter Marmelade und Honig bis hin zu Steinfiguren, selbstgebasteltem Schmuck und belegten Broten! Die Preise werden meist auf kleine Kärtchen geschrieben. Das Geld legt man einfach in die Geldschachtel. Beeindruckend ist das Vertrauen in die Ehrlichkeit der Menschen, aber absolut gerechtfertigt. In Flemløse sprach ich mit einer Frau, die die Überproduktion ihres Gartens an Zwiebeln und Karotten auf diese Weise verkaufte. Sie versicherte mir, daß das Geld noch nie gestohlen und immer korrekt bezahlt wurde! Es ist jedoch nicht sicher, ob diese Tradition noch lange Bestand haben wird. Die dänischen Einzelhändler beschweren sich zunehmend über diese zwar geduldete, aber im Grunde illegale Konkurrenz - ein klärendes Gerichtsurteil steht noch aus. Hoffentlich bleibt diese liebenswerte und praktische Tradition bewahrt!

In Flemløse sollten Sie einen Blick in die schöne Kirche werfen, bevor Sie weiter nach Voldtofte radeln. Der Ort ist eines der am besten erhaltenen Dörfer Fünens. Wenn Sie sich genügend umgesehen haben, fahren Sie weiter auf der Landstraße in Richtung Ebberup. Nach zwei Kilometern weist rechts ein Schild auf eine weitere Sehenswürdigkeit hin: den Grabhügel *Lusehøj*. Eine Visite des runden Erdhügels lohnt sich allerdings wirklich nur für thematisch Interessierte. Sie können nun weiter auf der Landstraße über Ebberup fahren oder die nächste Straße links auf die unbefahreneren Nebenstraßen ausweichen und über Saltofte und Follesled Huse zurück nach Assens fahren.

Hauptroute Assens - Fåborg

Assens - Torø Huse - Sonderby Klint - De 7 Haver - Å - Helnæs - Strandby - Svanninge - Håstrup - Fåborg (43 Kilometer)

Sie verlassen Assens auf dem Ringvej nach Süden in Richtung Fåborg. Bald erreichen Sie den kleinen Fischerort Torø Huse - eine kontrastreiche Mischung aus schmalen Gassen zwischen alten Fischerhäuschen und modernen Wohnhäusern. Hier haben Sie auch eine schöne Aussicht über die Strandwiesen und Seen der vorgelagerten Insel Torø. Gleich am Ortseingang fahren Sie rechts ab auf dem Barkegrydenvej in Richtung »Kleiner Hafen«. Etwas übertrieben erscheint mir die Beschreibung in einigen Reiseführern, daß dieser Ort zu den interessantesten Fischerdörfern Fünens zählt. Dafür kommen Liebhaber von Fachwerkhäusern und Gutshöfen im nächsten Ort Saltofte auf ihre Kosten: das Dorf liegt in 46 Meter Höhe und die anstrengende Bergauffahrt wird wieder mit einem herrlichen Ausblick belohnt. Am Ortsausgang steht etwas versteckt ein Gedenkstein, der an einen Flugzeugabsturz im Zweiten Weltkrieg erinnert: »Hier fielen drei englische Flieger am 25. April 1942 für Freiheit und Recht«, steht auf dem Granitstein. Leicht vergißt man, daß der Zweite Weltkrieg auch auf die »Märcheninsel« übergriff - ein Tabuthema, das in der Reiseliteratur über Fünen keine Erwähnung findet. In Saltofte biegen Sie rechts ab und erreichen nach zwei Kilometern die Steilküste *Sønderby Klint.*

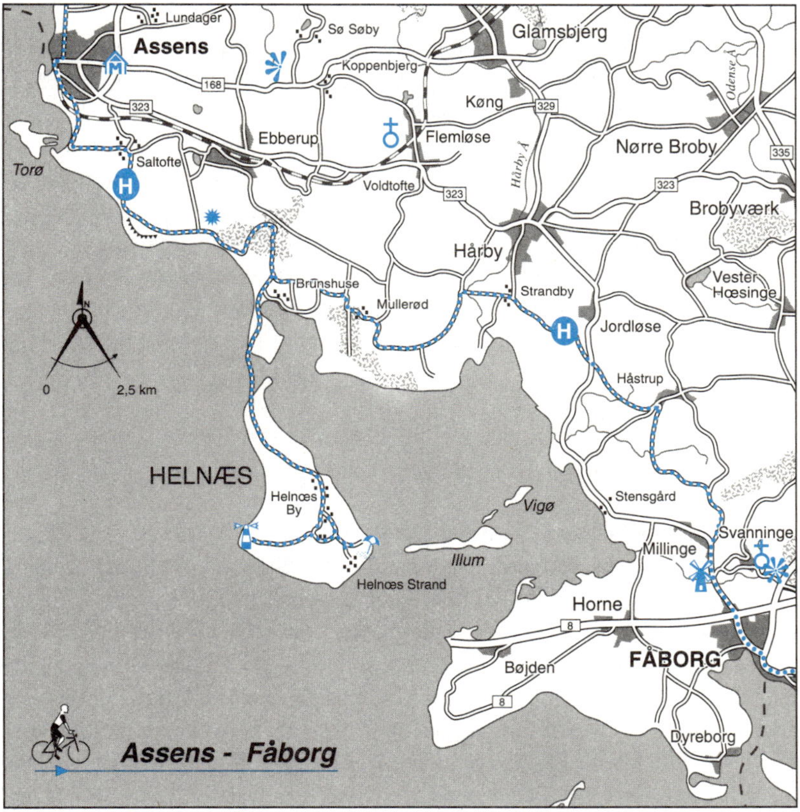

Sønderby Klint

Am Parkplatz lassen Sie das Rad am besten stehen und wandern zur 30 Meter hohen Steilküste, die eine geologische Attraktion ist. Hier ist ein Schnitt durch eine vollkommene Schichtenfolge aus der Eiszeit zu sehen. Wieder haben Sie einen herrlichen Ausblick über das Meer und die Küstenlandschaft. Und wenn Sie eine Weile gebückt über den Strand spazieren, finden Sie bestimmt ein paar Versteinerungen!

Weiter geht die Fahrt auf der Landstraße entlang der Bucht von Åkrog. *Å* ist nicht nur ein Buchstabe im dänischen Alphabet, sondern auch der Name eines kleinen Fischerdorfes an der *Åkrog*-Bucht. Das flache Strandgebiet entstand durch Ablagerungen vor den alten Steilküsten, die von Å nach Südosten verlaufen. Am Strandvej 62 liegt rechts die sehenswerte Gartenanlage *»de 7 haver«*.

Die sieben Gärten

Über 24.000 Touristen haben im vergangenen Jahr den 30 Quadratkilometer großen »Ideengarten« *de 7 haver* besichtigt. 1964 legten Gartenarchitekten hier Landschaften aus sieben europäischen Ländern an: ein finnisches Birkenwäldchen, einen französischen Rosengarten, eine schwedische Hügellandschaft, eine Schweizer Berglandschaft, einen pompejanischen Steingarten mit Wasserspiel, englische Weiden mit Rhododendronbeeten und eine dänische Blumenwiese mit Wäldchen und Quelle. Auf dem Aussichtshügel haben Sie einen schönen Blick über die Anlage und auf die Bucht von Helnæs. In der Ferne sehen Sie *Lindehoved* - den Leuchtturm der Insel. Der 28 Meter hohe, weiße Leuchtturm wurde 1901 gebaut.

- *De 7 haver:* Å Strandvej 62, ab Ostern und bis zum 1. November täglich von 10 bis 17 Uhr geöffnet. Tel. 6574 1285

Bei *Feddet* sieht man noch Überreste der alten Natursteinstraße, die Helnæs mit Fünen verband. 1969 kaufte der Staat *Feddet* auf, um das kultur- und naturgeschichtlich interessante Gebiet zu erhalten. Von einem Parkplatz führt ein Wanderweg durch das Naturschutzgebiet und zu einem zwei Kilometer langen Badestrand, der zu den besten Fünens zählt. Direkt am Wasser liegt auch ein Campingplatz. Aber vielleicht ist es noch zu früh für einen Schlafplatz und Sie fahren weiter ein Stück ins Landesinnere. Wenn Sie das Schloß *Hagenskov* besuchen wollen, suchen Sie ein Hinweiszeichen oder ein Ortsschild vergebens. Halten Sie an der nächsten Weggabelung an und betrachten die Umgebung: das alte Schloß versteckt sich hinter einem gepflegten Kastanien- und Ulmenwald.

Hagenskov

Das klassizistische Hauptgebäude stammt aus dem Jahr 1775. Mehr als ein Blick auf die prächtige Fassade ist leider nicht drin, aber die südlich des Herrenhofes verlaufende Schloßstraße entschädigt wieder. Sie haben Zugang zu der mächtigen Wallanlage, die das alte Königsschloß einst umgab und heute noch teilweise erhalten ist. Eine kleine Informationstafel weist auf eine Sehenswürdigkeit hin: *Hagenskov Voldstedt.* Ein gut erhaltener Brunnen und ein Grabhügel sind Überreste aus vergangenen Zeiten. Mächtige Kastanien- und Ulmenbäume säumen die Schloßallee auf dem weiteren Weg. In der Schloßallee sind zwei alte Torhäuser zu sehen, eine Wassermühle, ein Fachwerkhaus mit einer Kunstgewerbe-

Ein warmes Fell für windige Tage ...

ausstellung und hübsche kleine Bauernhäuser mit Einkehrmöglichkeit begleiten Sie auf dem Weg nach *Flenstofte* - dem nächsten Herrenhaus.

Weiter geht es ein Stück an der Landstraße entlang nach Brydegård. Links sehen Sie in etwa zweieinhalb Kilometern Entfernung ein eigentümliches Gebäude, das aussieht wie eine Mischung aus Leuchtturm und Herrenhof. Es handelt sich aber um die rotgekalkte Kirche von Dreslette mit ihrem prägnanten, eckigen Glockenturm. Wenn Sie genügend Zeit zur Verfügung haben, sollten Sie jetzt einen Abstecher auf die Inseln Agernæs und Helnæs, die beide über einen schmalen Damm zu erreichen sind, unternehmen. Moorgebiete, steile Küstenabhänge und flache Strandwiesen wechseln einander ab. Und im südöstlichen Teil der Insel *(Helnæs Strand)* finden Sie einen Campingplatz und einen ausgezeichneten Sandstrand.

Hinter Brydegård lädt ein kleiner See zum Rasten und Baden ein. Rechts der Straße entdecken Sie einen großen Grabhügel mit mächtigen Dolmen. Und wieder kein Hinweis auf diese Sehenswürdigkeit! Vielleicht gibt es zu viele »Denkmäler« dieser Art hier auf der Insel Fünen!

Weiter führt die Route 60 durch die Dörfer Mullerød und Nældemose. Hier sollten Sie unbedingt einen kleinen Abstecher nach rechts zum Gut

Løgismose machen. Eine herrliche Allee endet an einer rotgestrichenen Herrenhofanlage mit zwei Flügeln, die durch einen Treppenturm mit hoher Spitze verbunden sind. Keine zwei Kilometer hinter dem Dorf biegt die Route rechts ab nach Strandby. Auf dem Weg nach Håstrup liegt nach viereinhalb Kilometern rechts der Renaissance-Herrensitz *Damsbo* aus dem Jahre 1654. Achtung: Hinter *Damsbo* geht es leicht bergab, und dann müssen Sie über eine gefährliche Kreuzung, die hinter einer Kurve liegt. Haben Sie Lust auf eine kleine Stärkung? Biegen Sie in Håstrup links ab (das Routenschild weist nach rechts!), und Sie finden einen kleinen Kaufmannsladen, der wochentags von 7.30 bis 20 Uhr und Sonntag vormittag geöffnet hat. Tische und Stühle vor dem Geschäft laden zu einer Rast ein. Nach der kleinen Pause fahren Sie zurück zur Abbiegung, dann geht es weiter in Richtung Fåborg.

Hinter Håstrup wird das Gelände recht hügelig. Vorbei an alten Höfen führt die Route über zahlreiche Hügelketten der Svaninnger Berge. Halten Sie ab und zu einmal an, und genießen Sie den schönen Ausblick über die Bucht von Helnæs mit den kleinen Inseln Vigø, Horsehoved und Illum. Dann geht es bergab, und Sie durchfahren den Ort Svanninge zu Füßen der »fünischen Alpen«, die Ihnen schon vom Beginn der Reise vertraut sind.

Ein Pfarrer zwischen den Fronten

Svanninge ist nur ein kleines »Bergdorf« in den fünischen Alpen, aber mit einer großen Geschichte. An der Südwand des gelbgekalkten, 1837 renovierten Kirchturms finden Sie ein Bronzerelief aus dem Jahre 1841. Es stellt dar, wie Johann Rantzau durch den Pastor von Svanninge, Hans Madsen, vom Angriffsplan des Feindes erfährt.

Svanninge geriet im März 1535 in der dramatischen Auseinandersetzung von Christian III. mit dem deutschen Grafen Christoph von Oldenburg zwischen die Fronten. Lübecker Truppen waren nach Fünen eingedrungen. Johannes Rantzau, Armeeführer der dänischen Truppen, gelang eine überraschende Landung auf der Halbinsel Helnæs. Die deutschen Truppen wurden beim Wald von Faur geschlagen und verschanzten sich in Assens.

Doch die große Schlacht bei *Øksnebjerg* stand noch bevor. Hier kommt der Pfarrer des kleinen Ortes Svanninge ins Bild: er wurde von den deutschen Truppen, die nach Svanninge gekommen waren, gefangen genommen. Man fessselte ihn, sperrte ihn in einen Wandschrank - und vergaß ihn dort. So wurde er Zeuge eines Gesprächs, wie die deutschen Truppen Rantzau schlagen wollten. In derselben Nacht gelang ihm die

Flucht aus den Fesseln. Halbnackt schleppte er sich in Rantzaus Lager bei Assens und enthüllte den Schlachtplan der Deutschen. Sofort änderte Rantzau seine Strategie und erkämpfte in der Schlacht von Øksnebjerg einen gewaltigen Sieg. Als Belohnung erhielt der mutige Pfarrer das Pastorenamt in Horne.

Abschied von der Märcheninsel

Gegen Abend erreiche ich Fåborg. Für eine letzte, wehmütige Nacht gönne ich mir ein Zimmer im 135 Jahre alten Hotel *Færgarden* im Schatten des Glockenturms. Ein letzter, langer Spaziergang führt mich noch einmal durch die engen Gassen der Stadt. Es hilft nichts. Am frühen Morgen muß ich wieder zum Fähranleger. Dort wartet schon das mächtige Schiff der Gelting-Linie, öffnet seinen Bug wie einen roten Schlund und verschluckt für gut zwei Stunden unzählige Autos, Wohnmobile und Fahrradtouristen.

Der Fahrer des Sammeltaxis, der mich von Gelting zum Bahnhof nach Flensburg bringt, wirkt überaus gestreßt. Mit versteinerter Miene starrt er auf die Landstraße. Ich ahne, was ihm fehlt: Ruhe, Weite, Geborgenheit. »Fahren Sie doch einmal mit dem Fahrrad nach Fünen«, möchte ich ihm von Herzen raten. »Und erleben Sie Ihr ganz persönliches Märchen.«

Anhang

Anreise
Bei Middelfart ist die Insel Fünen durch zwei Brücken mit dem dänischen Festland verbunden. Hier erreichen Sie Fünen auf dem Landwege mit dem Auto, dem Fahrrad oder der Eisenbahn. Einmal täglich fährt ein Intercity von Flensburg nach Kopenhagen über Odense. Mehrmals am Tag verkehren Züge, bei denen Sie in Fredericia umsteigen müssen. Ich empfehle Ihnen hingegen eine Fährüberfahrt von Deutschland. So beginnen Sie Ihren Urlaub auf Fünen viel erholsamer, können gut und preiswert essen und haben die Möglichkeit, zollfrei einzukaufen. Ideal ist die Fähre von Gelting nach Faaborg (zwei Stunden).

Wenn Sie mit der Eisenbahn anreisen, fahren Sie bis Flensburg und legen die knapp 20 Kilometer entweder mit dem Fahrrad oder Sammeltaxi zurück. Buchungen unter: Faaborg-Gelting Linien, Gelting Mole, 2342 Gelting, Tel. 046-43793. Auf Fünen: 5600 Faaborg, Tel. 6261 1500.

Die dritte Möglichkeit: Sie fahren mit dem Auto oder der Eisenbahn bis Kiel und setzen von dort über nach Bagenkop auf Langeland. Wenn Sie Ihr Auto im Sommer mitnehmen wollen, sollten Sie sich rechtzeitig um eine Buchung bemühen, am besten schon Monate vorher! Einzelreisende mit dem Fahrrad können immer mit einem Platz rechnen. Platzreservierungen über: Zerssen & Co., Oslokai, 24103 Kiel, Tel. 0431-3017 250. Auf Langeland: Langeland-Kiel Linien, 5935 Bagenkop, Tel. 6256 1400. Es gibt noch zwei weitere Fährverbindungen nach Fünen: Von der Insel Als nach Südfünen (Fynshav-Bøjden, Tel. 6250 1022) oder von Lolland nach Langeland (Tårs-Spodsbjerg, Tel. 5393 1323).

Fünen
Die 2980 Quadratkilometer große Insel Fünen liegt zentral zwischen dem festländischen Jütland und der Nachbarinsel Seeland. Fünen gilt wegen des fruchtbaren Bodens als der »Blumengarten Dänemarks«. Die Insel hat 1017 Kilometer markierter Fahrradrouten. Zum 3482 Quadratkilometer großen Landkreis Fünen gehören unter anderem auch die Inseln Langeland, Ærø, Tåsinge und 90 mehr oder weniger große Inseln, die zu einem Drittel bewohnt sind. Im gesamten Kreis Fünen leben etwa 460.000 Menschen, davon 170.000 allein in der Kommune Odense, der Hauptstadt Fünens. Im Süden und Südwesten ist die Insel Fünen recht hügelig, die höchste Erhebung bei Svanninge beträgt 130 Meter. Hier

liegen auch die größten Waldgebiete. Der Norden der Insel ist eine relativ flache, weite Landschaft, die zum größten Teil landwirtschaftlich genutzt wird.

Langeland

Die 284 Quadratkilometer große Insel Langeland trägt ihren Namen zu Recht: Das Eiland ist mit 50 Kilometern Länge nur 4 bis 11 Kilometer breit. Langeland hat 17.000 Einwohner und liegt zentral zwischen Seeland, Ærø und Fünen. Die Insel gilt daher als klassisches »Urlaubszentrum«, vor allem für Deutschland, da sie durch eine schnelle Fährlinie mit Kiel verbunden ist (siehe Anreise). Die »anmutige Insel« bietet eine abwechslungsreiche Landschaft mit langgestreckten Hügeln und Höhenzügen. Die Küstenlinie ist teilweise noch richtig urtümlich und läßt sich gut mit dem Fahrrad entlangradeln. Im Norden gibt es viele alte Sommerhäuser, der Süden beeindruckt durch seine wilden Steilküsten.

Ærø

Ærø ist 88 Quadratkilometer groß, etwa 35 Kilometer lang und hat 9200 Einwohner. Nach Fünen und Langeland ist sie die größte der drei Inseln in der »dänischen Südsee«. Der langgestreckte Höhenrücken auf der Insel brachte ihr den Beinamen »Insel der Aussichten« ein. Von Fünen gibt es zwei Fährverbindungen nach Ærø: ab Faaborg geht zwei bis drei Mal täglich eine Fähre nach Søby. Reservieren können Sie unter Tel. 6261 1488 (Faaborg) und Tel. 6258 1488 (Søby). Von Svendborg aus erreichen Sie Ærøskøbing mehrmals täglich (Reservierungen unter Tel. 6252 1018). Zwei oder dreimal am Tag verkehrt eine Fähre zwischen Marstal und Rudkøbing auf Langeland. Die genauen Abfahrtszeiten erfahren Sie unter Tel. 6253 1722. Ærø erreichen Sie auch mit der Fähre von Monmark auf Jütland (Reservierungen unter Tel. 6258 1717).

Geschichte

Dänemark ist ein junges Land. Erst 12.000 v. Chr., als das Eis schmolz, lockte niedriger Pflanzenbewuchs streifende Renherden an, die der Mensch jagen konnte. Die Rentiere zogen weiter nach Norden, die Menschen blieben und ließen sich an den Ostseeküsten nieder, um sich von Fischen, Seevögeln und Robben zu ernähren. Um 4.000 v. Chr. kam vom Süden her die Kenntnis des Ackerbaus. Die Menschen brannten die Wälder nieder, säten Getreide in die Asche und siedelten sich in Dörfern an. Die zahlreichen Megalithgräber zeugen davon, daß sie schon damals ein hohes Organisationsniveau hatten. Gegen 1800 v. Chr. gelangte durch die Geschäftsbeziehungen mit dem Süden zum erstenmal ein Metall, die Bronze, nach Norden. Dem Fernhandel folgten kulturelle Beziehungen. Waffen und Schmuck aus dieser Zeit sind inspiriert von der fernen kretisch-mykenischen Mittelmeerwelt. Eisen wurde um 500 v. Chr. bekannt. Da der eigene Boden ein verhüttbares Eisenerz enthält, siechte der Fernhandel dahin.

Das Land war nunmehr dicht bevölkert und urbar gemacht. Von der Expansion des Römischen Reiches blieb das Land unmittelbar verschont, jedoch wurde es stark durch die Ausstrahlung der hellenischen Zeit beeinflußt. Eine begüterte Kriegeroberschicht entwickelte sich. Um 500 n. Chr. soll ein Stamm, die Dänen genannt, aus Schweden aufgebrochen sein, um vom heutigen Dänemark Besitz zu ergreifen. Das Land lag noch immer am Rande Europas, als Karl der Große um 800 das Fränkische Reich bis Norddeutschland ausdehnte und die Bevölkerung zwangsweise christianisierte. Der dänische König Gutfred befestigte die Grenze, doch immer wieder gelang es den Franken, weiter nach Norden vorzudringen. So sind die Wikingerzüge in erster Linie als Gegenoffensive gegen die fränkischen Vorstöße aufzufassen. In der Kunst, seetüchtige Schiffe zu bauen, waren die Nordländer den Franken weit überlegen. Lange konnten sie die Ostsee und die angrenzenden kontinentalen Wasserstraßen beherrschen, was von großer Bedeutung für die spätere Staatenbildung Europas war. Im 10. Jahrhundert vereinte Gorm der Alte die dänischen Inselreiche mit dem jütländischen Festland. 1020 erreichte der Wikingerzug mit der Eroberung Englands seinen letzten Höhepunkt. Die Herrschaft löste sich wieder auf, die dänische Monarchie änderte sich nach europäischem Muster. Vom 12. bis zum 14. Jahrhundert erlebte das Land eine Blütezeit. Die Inselwälder wurden gerodet, Burgen und Städte gebaut, Kirchen und Dome errichtet. 1536 löste Dänemark unter König Christian III. die Hanse als vorherrschende Macht in der Ostsee ab. Der Klerus verlor in den Bauernkriegen der Renaissance alle weltliche Macht an den Adel, der sich prächtige Schlösser und Herrenhäuser baute. Unter König Christian IV. enstanden Dänemarks schönste Renaissancebauten. Doch im Dreißigjährigen Krieg verlor Dänemark Schleswig, Holstein, Jütland, schließlich Schweden und damit seine Großmachtstellung.

Nach dem Eintritt Dänemarks in das »Nordische Bündnis« im Jahre 1801 griff England das Königreich an und nahm die gesamte dänische Flotte als Beute. Dänemark verlor alle überseeischen Kolonien und selbst Norwegen, das 400 Jahre mit ihm verbunden war. 1861 annektierte Dänemark das zum Deutschen Bund gehörende Holstein. Den unmittelbar folgenden Krieg mit Deutschland und Österreich verlor Dänemark. Die folgenden Jahre waren friedlich und von wirtschaftlichen und sozialem Aufschwung geprägt. Im Ersten Weltkrieg blieb Dänemark neutral. 1915 wurde eine neue demokratische Verfassung und das Frauenwahlrecht eingeführt. 1920 kehrte Nordschleswig nach einer freien Abstimmung freiwillig zu Dänemark zurück. Nach dem Zweiten Weltkrieg, in dem Dänemark von deutschen Truppen besetzt war, erhielt das Königreich 1953 eine neue Verfassung und ein parlamentarisches Einkammernsystem (*Folketing*). 1972 wird Margarethe II. Königin von Dänemark, das ein Jahr später EG-Mitglied wurde.

Radfahren auf Fünen

Die hervorragenden Fahrradwege im Kreis Fünen stellen keine besonderen Ansprüche an die Fahrradtechnik. Selbst Kinder mit einfachen Rädern können auf den meisten Strecken gut mithalten. Bei einigen Steigungen freut man sich jedoch über eine Gangschaltung, die mindestens fünf Gänge (z.B. Pentasport von *Fichtel & Sachs*) haben sollte. Da einige Passagen der ausgeschilderten Fahrradrouten unbefestigt sind, sollten die Fahrräder nicht gerade mit schmalen Rennreifen ausgerüstet sein. Die bei Tourenrädern üblichen Reifen genügen meist. Wer jedoch Ausflüge auf Wald- und Wanderwegen machen möchte, sollte schon ein geländegängiges ATB/MTB benutzen. Reparaturmöglichkeiten gibt es in den meisten Städten. Für Pannen unterwegs sollten Sie aber in jedem Fall eine Luftpumpe, Reserveschlauch, Flickzeug, Reifenhebel und einen Universalschlüssel mitnehmen. Wer auf Nummer Sicher gehen will, packt auch einige Reservespeichen und einen Nippelspanner ein. Wer sein Fahrrad lieber zu Hause lassen will, kann sich fast überall vor Ort (bei Campingplätzen und Jugendherbergen) ein Fahrrad leihen. Da es sich dabei aber meist um relativ einfache Räder ohne Gangschaltung handelt, ist diese Möglichkeit nur für gelegentliche Tagesausflüge zu empfehlen.

Kleidung

Kleiden Sie sich ruhig wie die Profis - die wissen, was sich auf Dauer am angenehmsten trägt! Wer längere Zeit im Sattel verbringt, sollte eine Fahrradhose mit eingenähtem Sitzleder anziehen, die auch die Nieren bedeckt. Und die schnelltrocknenden Fahrradtrikots sind wesentlich komfortabler als flatternde, feuchte T-Shirts! Empfehlenswert sind auch die futuristisch anmutenden Sonnenbrillen der Profis, die federleicht sind und nicht nur bei Abfahrten vor lästigen Mücken schützen.

Als Regenbekleidung sind Ponchos in Dänemark eher ungeeignet. Der Gegenwind an der Küste wird damit regelrecht zur Wand! Nehmen Sie lieber eine Regenhose und -jacke aus luftdurchlässigem Material (*Goretex, Sympatex*) mit, die Sie auch als Windjacke tragen können. Wer beim Gepäck Gewicht sparen möchte, sollte für kühle Abende einen Pullover aus *Polarfleece* mitnehmen, der sich auch hervorragend als Kopfkissen beim Zelten eignet. Als Kopfschutz setzt sich der Fahrradhelm in letzter Zeit erfreulicherweise auch bei Fahrradtouristen immer mehr durch.

Dänische Küche

»Hier gibt es ja nur Frühstück«, glaubte ich einst nach dem Lesen der Speisekarte eines dänischen *Kros*. Der Wirt löste meine Verwirrung auf: unter *»frokost«* versteht man in Dänemark das Mittagessen, das Abendessen heißt logischerweise *»middag«*. Letzteres ist die Hauptmahlzeit in Dänemark. Es handelt sich meist um ein warmes Gericht mit Fisch oder Fleisch, Gemüse und Beilagen. Viel einfallsreicher ist *»frokost«*, bei dem kalte Gerichte eine dominante Rolle spielen. Die bekannteste dänische Spezialität ist in diesem Zusammenhang natürlich das *»Smørrebrød«*, das sich wörtlich als »Butterbrot« übersetzt läßt. Doch *Smørrebrød* ist wesentlich mehr als eine einfache Stulle - meist versteht man darunter ein komplettes Mittagessen, bei dem der Belag so reichlich ist, daß das Brot nur eine untergeordnete Rolle spielt. Manche Restaurants haben eigene *Smørrebrød-Karten* mit bis zu hundert unterschiedlichen Belägen, die von Krabbensalat (*rejer*) über Hering (*sild*) und Räucherlachs (*røget laks*) bis zu Schinken (*skinke*) und Käse (*ost*) reichen.

Das Frühstück heißt in Dänemark *»morgenmad«* und ist sehr reichlich, besonders in den Hotels und Jugendherbergen. Es besteht meist aus einem Buffet mit Brötchen (*rundstykker*), Weißbrot (*franskbrød*), Marmelade, Käse und Wurst. Dazu trinkt man Tee oder Kaffee, letzteren aus großen Kannen, die auf den Tisch gestellt werden. Wahrscheinlich nicht besonders gesund, aber eine köstliche Zwischenmahlzeit und überall zu bekommen sind *»Pølser«* oder *»Hot Dogs«*. Besonders empfehlenswert ist der *»Risted Hot Dog«*: ein rosa Würstchen in süßem Brötchen serviert, mit Remoulade, Senf, Ketchup, frischen und gerösteten Zwiebeln und sauren Gurkenscheiben.

Infomaterial

Die unbedingt empfehlenswerte Infomappe »Radfahren auf Fünen« mit Karten und kleinem Reiseführer bekommen Sie im Buchhandel, bei den

Fremdenverkehrsbüros, Campingplätzen sowie beim Dänischen Fahrradbund (*Dansk Cyklist Forbond*) für 75 Kronen (etwa 20 Mark). Weitere Informationen erteilt das Dänische Fremdenverkehrsamt, 20095 Hamburg, Glockengießerwall 2-4) Auskünfte über die Campingmöglichkeiten gibt die dänische Campingorganisation (*Campingradet*), Olof Palmesgade 10, DK-2100 Kopenhagen.

Unterkunft
Neben guten Hotels in allen Preislagen gibt es Privatquartiere, acht Jugendherbergen und meist sehr gute Campingplätze. Ein besonderes Erlebnis ist eine Übernachtung in einem Schloß oder Herrenhof, in denen es oft spuken soll! Passen Sie also auf, daß kein Gespenst mit Ihrem teuren Rad einen Schabernack treibt!

Camping
Auf Fünen gibt es etwa 80, zum Teil traumhaft schön gelegene Campingplätze. Die Wege zu den Plätzen sind immer durch eigene Wegweisertafeln ausgeschildert. Die Campingplätze werden in Kategorien eingeteilt, die niedrigste erhält einen, die höchste fünf Sterne. Die Mehrzahl der dänischen Campingplätze haben drei Sterne und liegen damit bereits über dem europäischen Standard. Nach der Anzahl der Sterne richtet sich der Preis für die Übernachtung. Durchschnittlich kostet die Übernachtung für einen Erwachsenen bei einem Stern acht Mark, bei zwei Sternen neun Mark und bei drei Sternen zehn Mark (für Kinder die Hälfte). Außerhalb der Lagerplätze ist Zelten verboten. Seit einiger Zeit sind jedoch an einigen Stellen einfache Zeltplätze eingerichtet, auf denen die Übernachtung um die zehn Kronen (etwa 2,50 Mark) kostet.

Auf allen anerkannten Campingplätzen wird ein Campingpaß verlangt. Wenn Sie keinen internationalen Ausweis besitzen, müssen Sie einen dänischen Paß kaufen (etwa sechs Mark, für Familien zwölf Mark). Er dient als Legitimation und Versicherungsnachweis. Weitere Informationen und eine Broschüre mit den meisten Campingplätzen Dänemarks erhalten Sie bei DK-Camp, Vestergade 37c, DK-7100 Vejle, Tel. 7582 4955 oder beim Dänischen Fremdenverkehrsamt.

Jugendherbergen
Jugendherbergen heißen in Dänemark *Vandrerhjem* und sind eine preiswerte Übernachtungsmöglichkeit nicht nur für Jugendliche, sondern auch für ältere Touristen und Familien. Viele *Vandrerhjemes* bieten Familien-

und Einzelzimmer an, die Sie jedoch in der Hauptsaison rechtzeitig reservieren müssen. Im Kreis Fünen gibt es elf Jugendherbergen. Sie liegen in den Orten Assens, Fåborg, Kerteminde, Marstal, Nyborg, Odense, Ringe, Rudkøbing, Svendborg, Æørskøbing und Årup. Die Preise liegen pro Nacht zwischen 13 und 15 Mark, Einzel- und Familienzimmer kosten zwischen 40 und 80 Mark. Erforderlich ist ein dänischer oder internationaler Jugendherbergspaß. Eine kostenlose Broschüre mit allen dänischen Jugendherbergen und zahlreichen Informationen können Sie bestellen beim: Landsforeningen »Danmarks Vandrerhjem«, Vesterbrogade 39, 1620 København V (Tel. 3131 3612).

Privatzimmer/Hotels

Wegen der großen Vielzahl an Kroer, Hotels und Privatunterkünften muß auf eine Darstellung in diesem Reiseführer verzichtet werden. Auskünfte und eine Broschüre mit den meisten Adressen erhalten Sie bei jedem Fremdenverkehrsbüro (die Adressen finden Sie bei den entsprechenden Ortsbeschreibungen). Oft machen allerdings auch unterwegs Vermieter mit einem Schild *»Værelser fri«* auf freie Übernachtungsmöglichkeiten aufmerksam. Manchmal weisen Schilder auch auf *»Bed and Breakfast«* oder schlicht »B+B« hin. Privatzimmer gibt es manchmal schon ab 18 Mark, Einzelzimmer mit Frühstück kosten ab 50 Mark.

Schlösser

Die Übernachtungen in den Schlössern kosten pro Nacht zwischen etwa 160 Mark (im Fachwerkgut *Bramstrup*) und 415 Mark (in der Suite des Barons von *Valdemars Slot*). Ein besonders interessantes Angebot hat das Herrenhaus *Stensgård* nordwestlich von Faaborg zu bieten. Es gehört zu den 13 Schlössern und Herrenhäusern in Dänemark, die für etwa 200 Mark eine Übernachtung im Doppelzimmer, einen Begrüßungsdrink, ein Drei-Gänge-Menu, Kaffe und Kuchen und Frühstück anbieten. Informationen und Reservierungen unter Tel. 62619490.

Sprache

Wenngleich viele Däninnen und Dänen wenigstens etwas deutsch und/oder Englisch sprechen - es zeugt doch von der Höflichkeit der Gäste, wenn sie sich ein wenig um die Landessprache bemühen. Hilfestellung kann dabei das folgende Bändchen leisten:

Hoffmann, Roland: *Dänisch für Globetrotter.* Peter-Rump-Verlag, Bielefeld 1989

Literatur

- Andersen, Hans Christian: *Aus Andersens Tagebüchern.* Bd. 2, Fischer, Frankfurt 1980
- *HB Bild-Atlas Dänische Inseln. Seeland, Fünen, Lolland, Langeland, Falster.* HB-Verlag, Hamburg 1988
- Brecht, Bertolt: *Svendborger Gedichte. Mit dem Kommentar von Walter Benjamin,* Suhrkamp Verlag, Fankfurt/Main 1979
- Bredsdorff, Elias: *Hans Christian Andersen. Des Märchendichters Leben und Werk.* Fischer-Taschenbuch Verlag, Frankfurt 1983
- Dey, Reinhold: *Dänemark. Land zwischen den Meeren, Kunst, Kultur, Geschichte,* Kunstreiseführer. Dumont, Köln 1989
- Egevang, Robert: *Das alte Faaborg.* Das Nationalmuseum, Kopenhagen: 1977
- Engberg, Harald: *Brecht auf Fünen. Exil in Dänemark 1933-1939.* Hammer-Verlag, Wuppertal 1974
- Fleischer, Jens: *Fünen und die Nachbarinseln. 21 kulturhistorische Tagesreisen.* Neumünster, Karl Wachholtz 1986
- *Fyn - ein Naturerlebnis.* Fyns Amt, Svendborg 1990
- *Fyn. Langeland og Ærø.* Trojaborgs Forlag Ishøj 1991 (zweisprachig)
- *Kettler, Wolfgang: Dänemark per Rad. Ein Cyklos-Fahrrad-Reiseführer.* Verlag Wolfgang Kettler, Berlin 1992
- Klüche, Hans: *Dänemark.* Dumont, Köln 1992
- Kunstmuseum Dänemark. Dän. Fremdenverkehrsrat, Kopenhagen 1991
- Marcus-Møller, Barbara: *Fünen und die fünischen Inseln.* Forum, Kopenhagen 1974
- Møller, Poul Erik: *Elvira Madigan,* Christian Erichsens Forlag, Kopenhagen
- Reihe *»Richtig Reisen«:* Dänemark.
- Soldan, Honan U. (Hg.): *Dänemark und Färöer Inseln.* »Express«-Reisehandbuch. Leer, Mundo 1991
- Thorwildson, K.: *Das Wikingerschiff von Ladby.* Dänisches Nationalmuseum, 1982
- Westphal, Volker: *Dänemark. Ein politisches Reisebuch.* VSA-Verlag, Hamburg 1987

Karten

- Die Generalkarte Dänemark 1:200.000, Blatt 3, Velje/Odense/Flensburg
- Topografiske Kort Danmark, 1:100.000 (amtl.), Blätter 1312, 1313 + Sonderblatt Sydfyn og Langeland

Ortsverzeichnis

Namensverzeichnis